200万人の「挫折」と「成功」の
データからわかった

継続する技術

bondavi株式会社 代表取締役　データアナリスト
戸田大介

Discover

俗人だって時には、
人生の秘密に気づきます。

賢者のからくり

習慣について考えるようになったのは、賢者のからくりに気づいてからでした。

。

いつだって賢者は、地道な一歩を重んじます。
何か偉業を成し遂げるような立派で賢い人たちはみんな、まるで口裏を合わせたかのようにこんなことを言います。
「地道な積み重ねが、何よりも大切」

そのような格言は、私の耳にも何度も届きました。

しかしそんな賢者たちの言葉を聞くたびに、私は思いました。

「いや、もっと近道とか裏技みたいなのがほしい」


いつだって私のような愚者は、地道な一歩を軽んじます。

可能な限りそうした努力を避け、何か望みがあると決まってこんなふうに考えます。

「苦しい努力をしないで、しかも確実に望みを叶えられる方法はないか」


当然、そんな都合のよいものはありません。


……と思いきや、なんということでしょう。

見つかったのです。

「苦しい努力をしないで、しかも確実に望みを叶えられる方法」が。

「毎日の練習＝努力」でない人

私には、ギターが上手な友人がいました。

あるとき、いつものように反復練習をしていた彼に聞いたことがあります。

「毎日練習して嫌にならないのか」

すると彼はつまらないことを言うように、ぼそっと答えました。

「いや、なんか毎日弾いてたら、弾かないと落ち着かなくなってきて」


その答えが、私の大きな誤解に気づかせてくれました。

どうやら彼にとって「ギターを練習する」ということは、私が思うような「苦しい努力」ではないようなのです。

全く同じ行動なのに、私とは捉え方が違っています。

その捉え方の違いの正体が、「習慣」なのでした。

粗悪なアイスクリームを食べるように

考えてみれば、私にも習慣はありました。

大学付近のコンビニで39円で売られている「安かろう悪かろう」を体現したようなアイスクリームを、私は毎日のように食べていました。

私の習慣は「粗悪なアイスクリームを食べる」で、友人のそれは「ギターを弾く」だったのです。

来る日も来る日も、それぞれの習慣は働き続けます。

来る日も来る日も、私は粗悪なアイスクリームを食べて生活習慣病リスクを増大させ、友人はギターを弾いて演奏技術を向上させました。

これをはたから見た人には、私は「堕落を続ける愚者」に、友人は「努力を積み重ねる賢者」にしか見えないと思います。

しかし実際のところ、友人は苦しい努力を続けていたわけではありません。

私と同じように、「それまでと同じ一日」をくり返しているだけです。


どうやら、この点に秘密があるようです。

人間は誰でも、習慣によって動かされています。

しかし賢者たちは、わけもわからないうちにどこかへ連れて行かれている私とは、習慣の扱い方が違いました。


彼らは望ましい習慣を持つことで、自分自身をいつも望ましい方向へと動かし続けているのです。

ほとんど自動的に。

「これが賢者のからくりだったのか」

人生の裏技らしきものに気づいた私は、やがて訪れるであろう明るい未来の皮算用をしながら、粗悪なアイスクリームを食べました。

はじめに

三日坊主、習慣化アプリをつくる

あるとき、筆者は習慣化アプリをつくりはじめました。

「筋金入りの三日坊主の自分ですら、ちゃんと続くアプリをつくろう」

そう張りきる筆者でしたが、それまでぼんやりとアイスクリームを食べていただけの人間に、いきなり人の役に立つようなものはつくれません。

当然、開発ライフは失敗続きです。

アプリを公開してもしばらく、いい反応はまったく得られませんでした。

しかしそれでも、習慣化アプリの開発はとても面白いものでした。

たくさんの人の挫折談を深く掘り下げて聞いたり、行動データを分析したりして三日坊主の性質を理解すればするほど、アプリを使ってくれた人の継続率は上がり、「本当に続けられた」という声が増えていきました。

そうこうしているうちに、個人の趣味として始まったそのアプリは温かいユーザーの方々に恵まれていき、ありがたいことに今では日本で一番多く使われる習慣化アプリとなっています。


その過程で得られた、人間心理に関するたくさんの学びをもとに書かれたのが本書なのですが、これを書くにあたって筆者が決めていたことが一つあります。

アプリ開発から得られた「たくさんの学び」を詰め込まないことです。

無数のコツを三原則に

筆者は以前、知識というものは「あればあるほどいい」と誤解していました。
たとえば私たちは本やインターネットから、このような「習慣化のコツ」を知ることができます。

無数にある「習慣化のコツ」

- 努力した後のご褒美が大事
- 周りに宣言するのがポイント
- 目標に数字を入れるといい
- 仲間がいると続きやすい
- 行動をＳＮＳで報告するとサボりづらくなる
- 習慣化した後の姿をイメージするといい

- if-thenルールという必勝法がある
- やるべき理由を書いてみよう
- 罰を決めるべし

もちろんどれも意味のあるものです。
しかし筆者は、ここで2つの重要な事実を見落としていました。

事実1 人が吸収できる知識量には限界がある

まず、知識の吸収について次のような事実があります。

- 人は得られた知識の大半を忘れる*
- 覚えていても、忙しい現代人が実行に移せるものは限られている
- そして実行を伴わない知識は、(当然ながら)成果を生まない

ということは「習慣化のコツ」を一気にたくさん仕入れても、実際の生活に変化を生むのはほんのわずかということになります。

＊精神科医の樺沢紫苑さんによると、１週間で97％を忘れるそうです。もちろんこの数値は人や状況によって変わると思いますが、それでもやはり大部分は忘れると見てよさそうです。
（樺沢紫苑『学び効率が最大化するインプット大全』サンクチュアリ出版：２０１９年）

事実２ すべての知識が重要なわけではない

また、たくさんの知識の中には「絶対これだけはやったほうがいい」というすごく重要なものもあれば、「やらないよりはいい」程度のものもあります。

そして多くの場合、私たちはどれが重要かを知りません。

そのため、たまたま実行に移したのが重要でないものだったら、それが成果につながる可能性は高くありません。

これらの事実を認識していなかった筆者は、次のように行動していました。

1 本を読んで「すごい技をたくさん知った！　これで無敵だ」と満足する
2 ぼんやりと覚えているいくつかを、中途半端に行動に移す
3 しかし重要なポイントが押さえられていないため、成果につながらない

この本を読んでくださった方が同じ失敗をしないように、**本書では成果（継続成功率）に大きく影響するものだけを扱うこととします。**

そのような方針のもと、アプリ運営で学んだたくさんの知識を整理しました。重要度順に並べたり、「これは結局同じことだ」などとまとめたりしていると、バラバラに捉えていた数々の小さな知識が、いくつかの大きな原則に集約できることがわかりました。それが次の三原則です。

原則1
すごく目標を下げる

原則2
動けるときに思い出す

原則3
例外を設けない

……これを見て、こう思われた方もいることでしょう。

「なんか地味だなあ。本当にこんなので効果はあるのかな」

原則を守ると成功率は8・23倍

というわけで、原則の効果をアプリのデータで集計してみました。

すると**筋トレや勉強などの「30日間継続成功率」が、「原則を守った人」は最低でも8・23倍高い**＊ことが確認されました。

＊データ数：5万7059件　集計期間：2021年1月1日〜2022年12月31日

成功率が約8倍に高まるとは、たとえばこういうことです。

ここにある男がいて、「1月は筋トレ」「2月は読書」といったように、毎月新たな目標に挑戦したとします。

成功率が8倍上がると、こんなに変わる

原則を守った人と守っていない人の違い

	目標	原則を守った人	原則を守っていない人
1月	筋トレ	○	×
2月	読書	○	×
3月	ギター	○	×
4月	ジムに行く	×	×
5月	片づけ	○	×
6月	ランニング	×	×
7月	絵	○	×
8月	ヨガ	○	×
9月	ストレッチ	○	○
10月	プチ断食	×	×
11月	瞑想	○	×
12月	散歩	×	×
	成功数	8個	1個

しかし原則を守っていない彼はいつも途中で挫折してしまうので、1年間を通じてたった一度しか最後までやり遂げられません(実際、ほとんどの人はこれくらい挫折します)。

そんな彼が原則を学び、継続成功率を8倍にアップさせます。

すると次の1年では、8つの目標を最後までやり遂げられるようになりました。

このように成功率が8倍高まると、私たちは8倍多くの成功を体験します。

「なぜ、ここまで大きな差が生じるのか」
「具体的に何をすればいいのか」

その答えを客観的な事実にもとづいて示し、この本を読んでくださった方の「今後の努力が実をむすぶ可能性」をできる限り高める。

それが本書の目指すところです。

本書で扱う「客観的事実」の例

- 5分でできる目標にすると、成功率は3・13倍
- 適切なリマインダーを使うと、成功率は4・47倍
- 1日でもサボると、それを境に二度と行動しなくなる人は69・1％

理論だけでは動かない。人間だもの

ですが、人というのは理論を示されたところで、人工知能のように何でも素直に飲み込みはしません。

「えー、そうかなあ」

「さすがにそれはできないよ」

などと思います。

人間だもの。

そこで本書は、そんな人間らしい青年の高橋くんを主人公に、物語形式で「習慣三原則」をまとめてみました。

彼は習慣博士から原則を学ぶのですが、すぐに「でもそれって――」などと言い出し、博士にあれこれと論拠を示されてようやく納得していきます。

（物語は、原則ごとに**「事実」**↓**「対策」**↓**「人間だもの」**という構成で進みます）
机上の空論で終わる理論ではなく、さまざまな状況の中で忙しく生きている方々にとって無理のない、現実的な知恵になるといいなと思い、このような構成にしてみました。

そしてこの本を読んでくださった方が何年か経った頃に、まだ望む習慣がはたらき続けていて、ふと「あの本読んでよかったな」と思えるようなときが訪れたら、本当に嬉しいです。

目次

『200万人の「挫折」と「成功」のデータからわかった継続する技術』

積み重ね…
積み重ね…

プロローグ

どこか
あるところにて

日本のどこかあるところに、高橋くんがいました。

高橋くんはどこにでもいる社会人3年目の若者です。

仕事にもだいぶ慣れてきて生活も安定して見えた高橋くんでしたが、人知れず、彼は日々にどんよりとした気持ちを抱えていました。

社会人生活が進むにつれて毎日がだんだんと同じことのくり返しになってきて、月日は流れるのに自分だけはどこにも進めていないような停滞した日々に、倦怠感のようなものを感じていたのです。


「このままでいいのだろうか」

「いや、これではいけない。何かを変えなければ」

幾度となくそう思っては、オンライン英会話だったりSNS発信だったりを始めてはみるのですが、日々の雑事に追われているうちに決意はだんだんと曖昧になっていき、気づけばいつも三日坊主で終わってしまっているのでした。

人生最後の努力

そんな高橋くんはある日、いつも通り会社で仕事をしていました。

終わったばかりのミーティングの資料をまとめてデスクに戻ると、見覚えのない紙切れが数枚混じっていることに気づきました。

どうやら仕事の資料ではなさそうです。

そこには何やら文章が書かれており、冒頭にはそのタイトルが記されていました。


——賢者のからくり——


「なんだこれ」

ミーティングが終わってすることがなかったので、暇つぶしに読んでみることにします。

読み終えた高橋くんは、その数ページの文章をこのように理解しました。

「よい習慣さえ身につければ、未来は明るいらしい」

しかし、続けざまにこうも思いました。

「問題は、どうやってよい習慣を身につけるかだ」

彼は何をしても続かない三日坊主でしたが、なかなか鋭いところもありました。

自分が三日坊主であることを自覚していたのです。

就職活動にあたって自己分析をした結果、自分を客観視することに成功していたのでした。

◎長所：向上心がある
◎短所：三日坊主である（よって、向上心が実をむすばない）

そんな高橋くんは考えました。

「習慣化の方法を学ぼう。この学習は、僕の人生最後の努力となるだろう。よい習慣さえ身につけば、後は習慣がエスカレーターのように、僕をよりよい場所へと運び続けてくれるから」

彼はさっそくスマホを取り出し、習慣化について調べはじめました。

習慣化の記事や本などの情報が、続々と見つかります。

しかしその中で、なぜだか異様に気になる一つのSNSアカウントがありました。

——習慣博士＠弟子募集中——

アカウントの自己紹介によると、彼は生涯をかけて習慣化について研究してきた学者のようです。

「後進の指導・育成には定評がある」と豪語する割にフォロワー数が7人と少なく、

やや信頼性には欠けましたが、今はちょうど弟子を募集中とのこと。
しかも数少ない投稿を見てみると、このようになっています。

半年前　：「弟子募集中：半年コース10万円」
3ヶ月前：「~~弟子募集中：半年コース10万円~~　3万円」
1週間前：「~~弟子募集中：半年コース10万円　3万円~~　もう無料でいいです！」

「人気はなさそうだが、無料で専門家に教えてもらえるのならば悪い話ではない」
高橋くんはそう考えました。

習慣博士、現る

さっそく連絡してみると、すぐに返信がありました。
話はとんとん拍子に進み、高橋くんは博士の大学の研究室に行くことになります。

（本当にちゃんと大学の先生のようだ）

高橋くんは安心しました。

○

翌週に有給休暇をとった高橋くんは、指定されたキャンパスに行ってみました。

そして少し迷いつつも、なんとか博士の研究室に到着します。

高橋くんは緊張しながらドアをノックし、挨拶しました。

「こんにちは。先日連絡しました、高橋です」

ドアの向こうから声が聞こえました。

「どうぞー」

ドアを開けて研究室に入ると、博士はいました。

愛嬌のある小太りのおじさんでした。

おそらく50代後半くらいでしょうか。


博士は「まあ、どうぞどうぞ」と高橋くんをイスに座るように勧めます。

そして、勢いよく話しはじめました。

「いやあ、よく来てくれたね。僕はずっと新しい習慣化理論を研究しているんだけど、それがどうも定年前に完成しそうになくてね。それで、後継者を残したいんだ。でも研究室の学生はみんな就職しちゃうから、外から弟子を募ろうとSNSを始めてみたんだけど、いやー、難しいね。さっぱり応募がなくて困っていたんだよ。そこに現れたのがきみというわけです。いやあ、ありがとう」


いきなり予想外の話を聞かされ、高橋くんは戸惑います。

「え、いや、僕は習慣化の方法を学びたかっただけで、研究をしたいわけではなく、後継者になるつもりもなかったのですが……。仕事もありますし」

それでも博士はマイペースに言いました。

「いやあ、学びながら考えてもらえればいいんだよ。もちろん強制もしないし。でも習慣化の世界はほんとうに面白いから、そのうち自分から『僕は研究者になる』って言い出す日が来ると思うなあ」

高橋くんは「そんな日はたぶん来ない」と思いましたが、「でも断ったら習慣化について教えてくれないかもしれない」という打算から、イエスでもノーでもない返事をしました。

「そうですかねえ」

博士は機嫌を損ねていないようだったので、高橋くんは本題に入りました。

「それでも習慣化の方法は教えていただける、ということでしょうか？」

「もちろんだよ。何でも聞いてよ」

こうして、高橋くんは習慣博士の教えを受けることになりました。

○

「それで、何が知りたいんだい？」

博士はたずねました。

「そうですね。できるだけ楽で、しかもそれでいて高確率でナイスな習慣が身につく方法論みたいなものがあると助かるのですが」

高橋くんは図々しいことを言いました。

「ああ、あるある。ちょうどそういう理論があるよ」

「え、本当ですか！　ぜひそれを教えてください」

「僕が提唱してる『習慣三原則』っていう理論なんだけど、三つの原則を守るだけで継続成功率がすごくアップするんだ。この理論をもとに習慣化アプリもつくられていて、そのデータで理論の効果は証明済みだよ」

「おお、すごくいいですね！　ぜひそれを学びたいです」

博士の説明は、人生をコストパフォーマンスで考えている高橋くんの心をがっしりとつかみました。

MIKKA
BOZU

原　則　1

すごく
目標を下げる

事実1

ふつう、習慣化は失敗する

「さて、高橋くんはどんな習慣を身につけたいんだい？」

博士がたずねると、高橋くんはぼんやりと答えました。

「そうですね。いろいろあるなあ。あ、でもやっぱりランニングはいいと思いますね。なんか走ってるってだけで、心身の健康とか人としての信頼度とか、いろいろアップする気がして」

何%がランニングを挫折するか

「いいねえ、ランニング。では、ここでクイズです」

「お、何でしょう」

クイズが好きな高橋くんは、少し前のめりになりました。

「ランニングを始めた人のうち、『30日以内に挫折する人』は何%でしょうか」

「そうですねー。まあみんな楽観的に考えているかもしれませんが、現実が甘くないことを僕は知っています……。80%！それくらい大半の人は挫折する」

高橋くんはキリッとした顔で答えました。

すると博士は「ふふふ」と嬉しそうな顔をしました。

「甘いよ、高橋くん。正解は93・9％。**ランニングを始めた人のうち、約94％の人は30日以内に挫折してしまっているんだ**」

「え、本当ですか？」

高橋くんは驚きを隠せません。

「うん。これは膨大なデータにもとづいていて、ほとんど誤差はない。まあでも信じられない気持ちもわかるから、これを見てみよう」

博士は手元のPCを開き、グラフを表示しました。

ランニングを始めて1日目、2日目と日を重ねるごとに、どれくらい挫折者が増えるかが示されています。

「1日だけで終わる人がおよそ半分。1週間が経つと約80％、2週間が経った頃には90％近くがランニングをやめてしまうんだ」

「みんな、そんなに挫折していたんですね……。ランニングしてる人ってけっこう

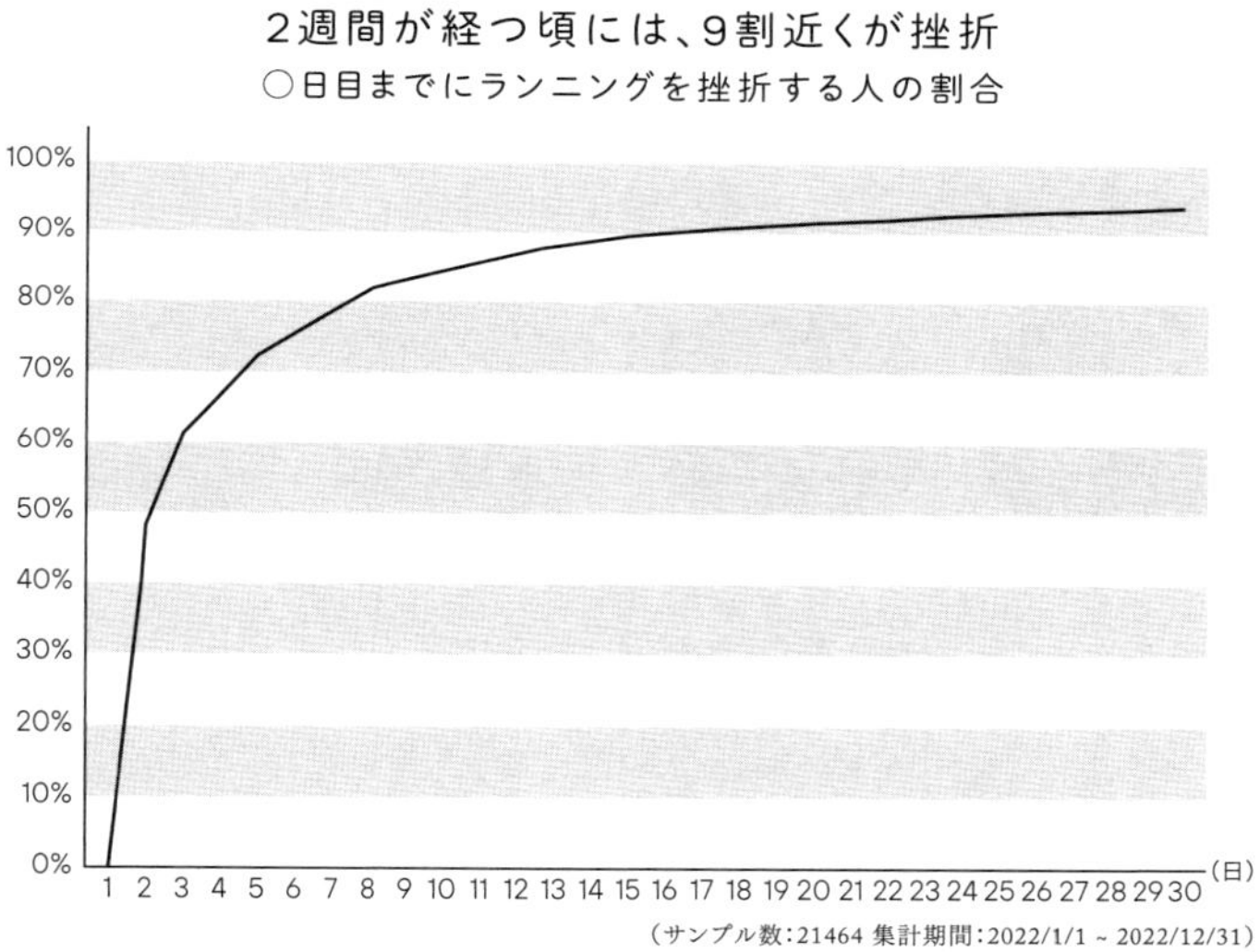

多い気がするのに」

博士はコーヒーを淹れに立ち上がりながら言いました。

「走っている人はよくSNSで発信したりするから多く見えるけど、人知れず挫折してる人はそれよりずっと多いし、数回走った話を聞くだけで『ランニングしてる人』みたいに見えるからね」

高橋くんは少しうつむいて呟きました。

「ランニングを続けるって、思ってたより難しいんだなあ」

大半の人が続けられない
30日以内に挫折する人の割合

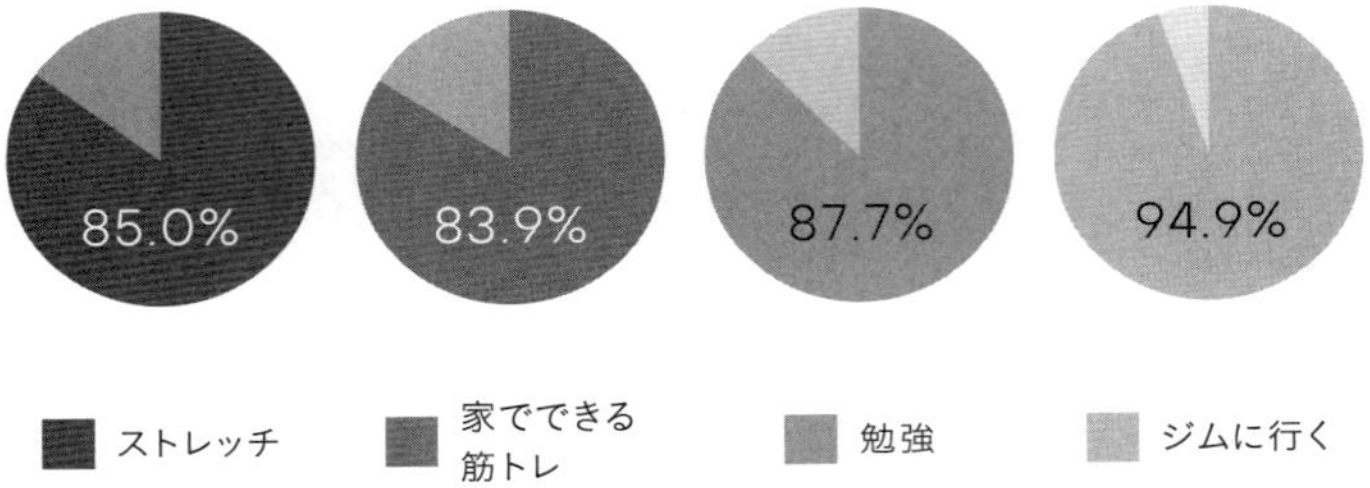

（サンプル数：4種合計 131604 集計期間：2022/1/1 ~ 2022/12/31）

筋トレも勉強も、8割は挫折する

「ちなみに難しいのはランニングだけじゃないよ。筋トレとか勉強とかも、大半の人は挫折してしまうんだ」

目標別・30日以内に挫折する割合

- ストレッチ：85・0％
- 家でできる筋トレ：83・9％
- 勉強：87・7％
- ジムに行く：94・9％

「……え?」

高橋くんは一瞬驚くと、少し落ち込んで言いました。

「ただストレッチするだけでも、85%も挫折してるんですね。習慣化って、そんなに難しいことだったとは……。そりゃあ今まで三日坊主だったのも、無理はない気がしてきたなあ」

現実の厳しさを知った高橋くんを元気づけるように、博士は熱いコーヒーの入ったマグカップを渡しました。

「その感覚が重要だよ! 今見た通り、習慣化って実際はすごく難しいんだけど、なぜかみんな『これくらいできる』と思ってしまうんだよね。だから何も対策せずに始めて、挫折に終わる。でも『習慣化は難しいことだ』と納得できれば大丈夫」

博士はキリッとした表情を浮かべました。

「対策は既に、研究し尽くされているから」

そして一口コーヒーを飲むと、「あっつ!」と言いました。

「昔はできた」という錯覚

「でも考えてみれば不思議ですよね」

高橋くんは言いました。

「学生の頃って、毎日みんな何時間も部活や受験勉強をしているのに、大人になるとたった数分のストレッチすら続けられないなんて」


「ああ、それは全然違うことなんだよ」

先ほどのコーヒーで火傷したのか、博士は舌足らずな話し方をしました。

「たとえば陸上部の学生がみんな毎日ちゃんと走るのは、なんでだと思う?」

「速くなりたいから、ですか?」

「まあ、そういう人もいるね。でも、『みんなが』ちゃんと走っている理由はそうじゃないんだ。本当の理由は、『サボると後で嫌な思いをするから』

「あ、なるほど」

高橋くんは学生時代を思い出し、納得しました。

部活をサボると先生に怒られたり、ちゃんと部活に出ていた他の学生から蔑《さげす》みの視線を向けられたりするのです。

「『走りたくない』という人をも行動させる強制力。学生時代にはこれが働くけど、大人になるとそれがなくなる。サボっても誰にも何も言われないから、大人は『走りたくない』と思ったら走らない」

「おお、なるほど！　大人になってからの筋トレや勉強って、自分の意志で始めますもんね」

納得した様子の高橋くんに「そうそう」と言うと、博士は一言添えました。

「だから大人になると、向上も堕落もその人の自由になるんだよね」

POINT

- 何の対策もなければ、人の習慣化成功率はすごく低い
- 部活や受験勉強が続けられるのは、「強制力」があるから
- 自ら始める筋トレや勉強は、サボっても怒られないので挫折しやすい

事実2

目標を下げると、すごく成功率が上がる

「ということで習慣化ってのはだいたい失敗するんだけど、中にはそれをちゃんと続けられる人もいるわけです。そこで僕は考えた。『続く人』と『続かない人』は何が違うのか。それがわかれば、習慣化成功率を上げられるからね」

「なるほど。そいつはなかなかいい視点ですね」

高橋くんは、なぜか偉そうに言いました。

「そうでしょ。それで、いろいろと分析をしたんだ。『目標に具体的な数字があるほうがいいか』とか『運動や勉強みたいな、習慣化する内容で差はつくか』とかね」

「ふむふむ」

「そんな分析を思いつく端からやってみて、かなりいろいろと学べたんだけど、その中でも群をぬいて重要な要素があったんだ」

「ほう！　何ですか、それは」

有益な情報が得られそうだったので、高橋くんは急に熱心に聞きはじめました。

「それは……」

「ごくり……」

「目標の達成にかかる時間だよ。**すぐ達成できる目標は続きやすい**」

「……まあそりゃ、低い目標のほうが続きますよね」

期待して聞いたのにすごく当たり前の話で、高橋くんはがっかりです。

しかし博士はその反応を予想していたように、落ち着いて続けました。

「『低い目標のほうが続く』のは当たり前なんだけど、それがどれだけ大きく成功率

5分でできる目標は成功率が上がる
30日間継続成功率の比較

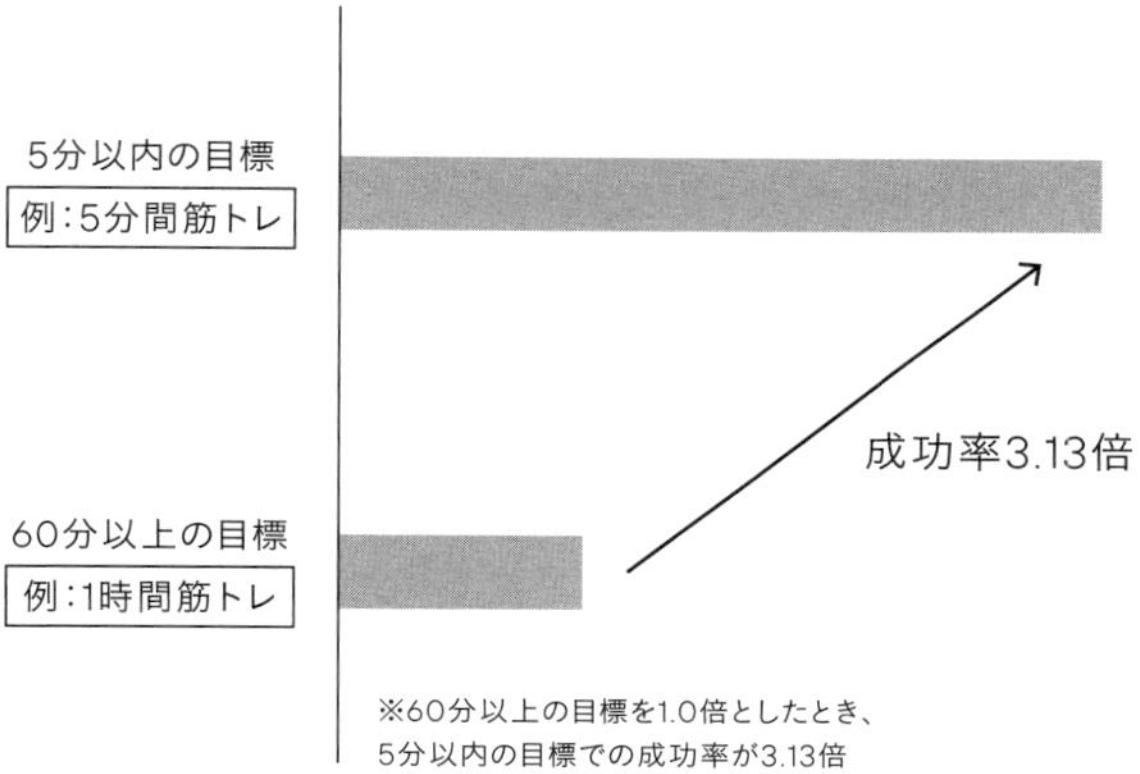

※60分以上の目標を1.0倍としたとき、
5分以内の目標での成功率が3.13倍

（サンプル数：69487 集計期間：2021/1/1 ~ 2022/12/31）

を左右するかが重要なんだよね」

PCでグラフを開きます。

「へえ。たしかにけっこう差が開くんですね」

「成功率を左右する要因はいろいろあるけど、ここまで差が開くものはかなり稀なんだ。どうせやるなら、こういう重要なことから手を打ったほうがいい。同じ努力でも効果が出やすくなるから」

「同じ努力でも……」

そのコストパフォーマンス重視の説明は、ほんの少し前までがっかりしていた高橋くんの心を捉えました。

そして彼は、手のひらを返したように言いました。

「やっぱり人間、当たり前のことを当たり前にできるってのが大事ですよね」

三日坊主対策も三日坊主

「それに『短い目標は続く』って事実を知っておくと、すごく簡単に大きな効果を生むことができるよ」

博士は立て続けに、コストパフォーマンス満点の説明を畳み掛けます。

「ふむふむ！」

「習慣化のコツっていろいろあるけど、けっこうやるのが大変なのが多いんだよね」

博士は「たとえば――」と、ホワイトボードに例を書きはじめました。

（書くのはすごいスピードでしたが、字はすごく下手でした）

意外と実践が大変な「習慣化のコツ」

- SNSに投稿する↓毎日投稿しなきゃいけない
- ご褒美を用意する↓毎日用意しなきゃいけない（飽きないように何種類も）
- 仲間をつくる↓仲間をつくって、毎日連絡を取り合わなきゃいけない

「どれも些細なことかもしれないけど、毎日となると結構しんどいんだよね」

「わかります。というかSNS投稿と仲間をつくる方法は、実際に失敗したことがあります」

高橋くんの豊富な挫折経験のおかげで、話はスムーズでした。

博士は説明を続けます。

「それに対して『目標を下げる』ってのは、ただ最初にそう決めるだけでいい。筋トレを始める日に『1日5分にしておこう』と決めるだけ。それだけで、**その後は何もしなくてもずっと効果が続く。**しかもさっき話した通り、効果は絶大」

「おお！」

三日坊主対策すら三日坊主で終わる高橋くんは、感銘を受けました。

人は無意識に高い目標をイメージする

有益な話が聞けてほくほくしていた高橋くんでしたが、少し考えて、「でも」と言いました。

「これって『目標が高い人は下げよう』という話ですよね。でも僕はいつも『毎日60分』なんて具体的に考えないで、もっとぼんやり『筋トレするぞ』くらいにしか思っていませんよ。だから『目標を下げる』って技は使えないんじゃないですか？」

博士は「いい質問だね」と言いました。

「でもその場合も、『低い目標にする』ってのは有効だよ。**具体的に考えないと、人は無意識に高い目標をイメージしてしまうから**」

「え、どういうことですか？」

「具体的に決めていなくても、『筋トレする』って思ったときに、人が頭の中で『だいたいこれくらいかな』ってイメージする量があるんだよね。ジムでの筋トレだったら、平均はだいたい1時間くらいかな」

「ああ、たしかに。わざわざジムまで行って20分だけとかだと、なんだかもったいない感じがしますもんね」

「そうだよね。そういう感覚。キャリアアップの勉強とかも、無意識に『1時間はしなきゃ』と思っている人は多いよ」

「それもわかるなあ。それくらいやらないと、英語とかは身につかない気がする」

高橋くんは納得しました。

「まあもちろん全員がそうではないけれど、少なくとも『具体的な時間を考えていない人が、5分以内の目標をイメージしていた』ということはかなり稀だよ。だから意識的に目標を下げると、ほとんどの人は成功率を高められるんだ」

高橋くんは「たしかに」と納得する一方で、こうも思いました。

(でも「1日5分」なんて短すぎて、続いたところで意味ないんじゃないか)

しかしこの疑念は、後にちゃんと解消されるのでした。

POINT

- 短い時間で達成できる、低い目標は続きやすい
- 「目標を下げる」作戦は、最初に実施すればずっと効果が続く
- 具体的に決めないと、人は無意識に高い目標をイメージする

事実3

目標が高すぎると、何度やっても進歩しない

話が一段落したので、博士はコーヒーを淹れに席を立ちました。

手持ち無沙汰だった高橋くんは、なんとなく博士に質問をしました。

「そういえば、博士はなんで習慣化の研究を始めたんですか？」

博士は、インスタントコーヒーの個包装を開ける手を止めました。

「僕には昔、最愛の女性がいたんだ」

（しまった。長くなりそうな話だ……）

高橋くんは、うかつな質問を後悔しました。

「まだ僕が博士課程の学生だった頃、その人と交際を始めたんだ。『一生大切にするから、結婚を前提に付き合ってください』と言ってね。それで一緒に住みはじめて、最初は彼女のために料理をしたり誕生日を丁寧に祝ったりしていたんだけど、当時の僕はだらしない男でね。すぐに約束をないがしろにして、彼女のために何かすることをやめてしまった。それどころか、協力してやると決めた家事すらサボりはじめたりする始末さ……。そんな僕を見て、彼女は言ったんだ。『あなたは自分の言ったことを守ることができない。この先が不安です』僕はフラれてしまった。それから、自分が決めたことを貫くにはどうしたらいいかを考えて、専門だった統計学の応用を始めて、やがて習慣の研究に行きついたんだ」

「そんな悲しい過去から始まっていたんですね……」

高橋くんはどう慰めていいかわからず、逃げるようにコーヒーを飲もうとしました。

しかし、マグカップは空でした。

恋と習慣化、終わりかたの違い

「よし、せっかくだから失恋に関する習慣化レクチャーでもしよう！」

しんみりとした沈黙を破り、博士は急に明るく言いました。

高橋くんは思いました。

（この人の情緒、どうなってるんだ）

「僕はこう見えてあまり女性人気がないから、失恋についてはよく知っているよ」

見るからに女性人気のなさそうな博士は言いました。

「失恋はすごく辛いけど、僕たちに学びを与えてくれるよね」

「そうですね。僕も女性にはかなりフラれてきたほうですけど、その度に『何がダメだったんだろう』とか『ああしたらよかったのかな』とか考えました。友だちとその話をしたりもしますし」

「おお！　わかってくれるか、高橋くん」

高橋くんにシンパシーを感じた博士は、熱を込めてレクチャーを始めます。

「じゃあそれと習慣化の違いを考えてみよう。習慣化に挫折したとき、僕たちは何を学ぶと思う？」

高橋くんは「えっと……」と少し考えました。

「何も学んでいない気がします。いくらランニングを挫折しても、毎回『今度こそ本気だ！』とか言って同じように挫折するので」

博士は満足そうに頷きます。

「そうだよね。じゃあ、なんで僕たちは同じ失敗をくり返すんだろう？」

「うーん……」

高橋くんはまた少し考えると、「あ！」とひらめきました。

「反省するタイミングが来ないから？」

高橋くんは勢いよく続けます。

「失恋ってすごく辛いから、嫌でもそのことについて考えますよね。でも習慣化って『別れましょう』みたいな辛い瞬間がないまま『もうどうでもいいや』って気づいたら無感情のうちに終わってるから、反省する機会がないんじゃないですかね」

「おお、素晴らしいよ高橋くん！　完璧な回答だ」

博士は、同じ痛みを知る仲間を讃えました。

そして続けて言いました。

「だから習慣化は、同じことをくり返す

成功体験が増えれば、その後の成功率が上がる

過去の成功体験数ごとの「30日継続成功率」

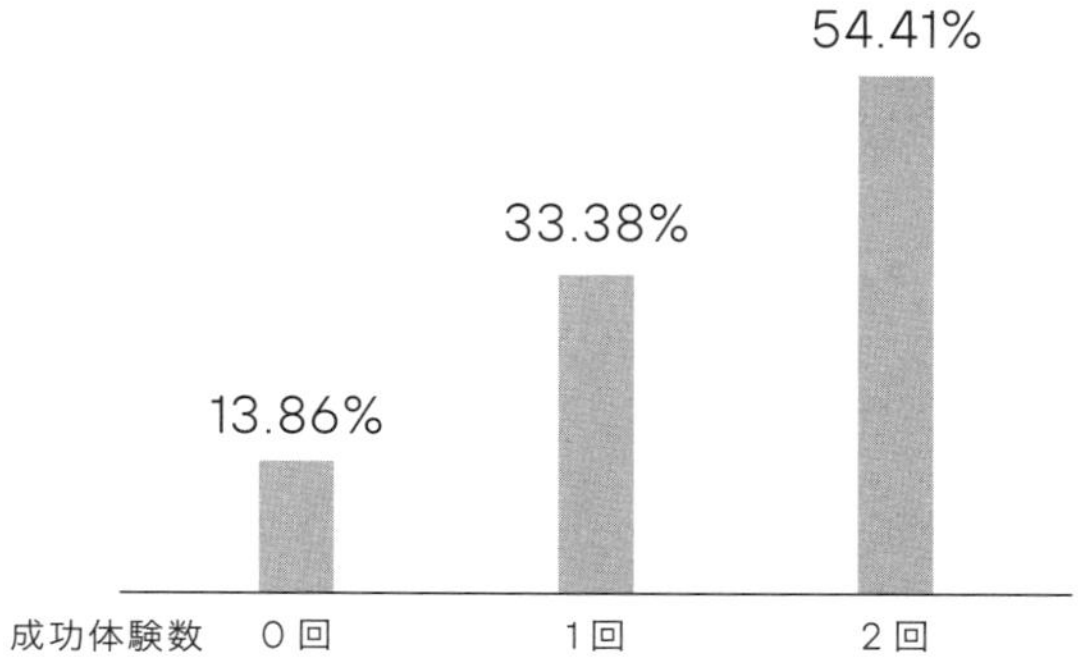

※成功体験数=
「目標を30日間継続できた成功体験」の数

（サンプル数：382133 集計期間：2022/1/1 ~ 2022/12/31）

挫折のループに陥ってしまう。**気合いで何度も立ち上がれば必ず報われる、みたいな世界じゃないんだ**」

挫折ループからの脱出

「え、じゃあどうすればいいんですか?」

高橋くんは、当然の疑問を投げかけました。

「まずは小さなことで『何かを続けた』という成功体験をつくるといいよ。一度続くとその後の成功率もアップするから、より難しいことも続けられるようになる。この成功体験ってのは、『5分筋トレする』くら

い小さなことでいいんだ。何十日も続けるということ自体が、人をレベルアップさせるから」

「レベルアップ！」

ゲーム好きの高橋くんは、レベルアップという言葉に異様に反応しました。

「目標が高すぎると、結局挫折して何も学べないから、次につながらない」

「ふむふむ。少し進んでは『ふりだしに戻る』をくり返すだけなんですね」

「うん。挫折のループだね。でも目標を低くすれば、僕たちは少しずつだけど着実に、前に進み続けられるんだ」

「なるほど。**順を追って小さく始めるのが、結局は一番の近道ということですね**」

恋愛で負け続きの二人は、せめて習慣化だけでも成就させようと必死に議論しました。

POINT

- 人は恋の終わりからは学びを得るが、習慣化の終わりからは何も学ばない
- 挫折に終わる高すぎる目標は、何度やっても進歩しない
- 小さな目標でも一度続けば、高い目標も続きやすくなる

対策1

目標は5分以内

「というわけで何かを始めるときは、1日5分でできる低い目標がオススメだよ。やってみるとわかるけど、始めの頃は5分でもギリギリだと思うよ」

「うーん……」

先ほどまで議論でヒートアップしていた高橋くんでしたが、具体的な数字を受けて少し考えこみました。

「たしかに低い目標だと続くかもしれませんけど、やっぱり5分って短すぎませんか？　そんなに短いんじゃ、続いてもあんまり意味がないような。やがてレベルアップするという話はありましたけど、それでも……」

高橋くんは、何やら不満そうです。

「もっともな意見だね」と博士は言いました。

「それに関していくつか重要なポイントがあるよ。まず、目標は5分でも『5分しかやっちゃいけない』というわけじゃないんだ」

5分以上やるのはOK

「たとえば『5分筋トレする』と目標を立てた高橋くんが、実際に5分やり終えたとき、『もう少しやっちゃおうかな』と思うことがあります」

「ああ、それはわかります。やるまでは面倒だけど、一度やってしまうとテンションが上がるんですよね」

高橋くんは同意しました。

「そしてそのとき、プラス10分でも20分でも筋トレをしていいのです」

「あ、それはいいんですね」

「うん。というかこの**『もっとやりたい』という気持ちを生むのが、狙いの一つなんだ。**だから『目標』は5分でも、『実際の成果』は20分になったりする」

「なるほど。それは少し安心しました」

思っていたより柔軟な考えに、高橋くんは少しほっとしました。

準備も含めて5分

「目標時間については、もう一つポイントがあるよ」

博士は言いました。

「それは『準備時間も含めて5分』ということです。だから同じ5分でも『ジムで5分筋トレする』は挫折しやすい。タオルや着替えを用意したり、ジムまで移動したりするのに時間がかかるからね」

家での筋トレよりジム通いのほうが挫折しやすい

三日坊主率の比較

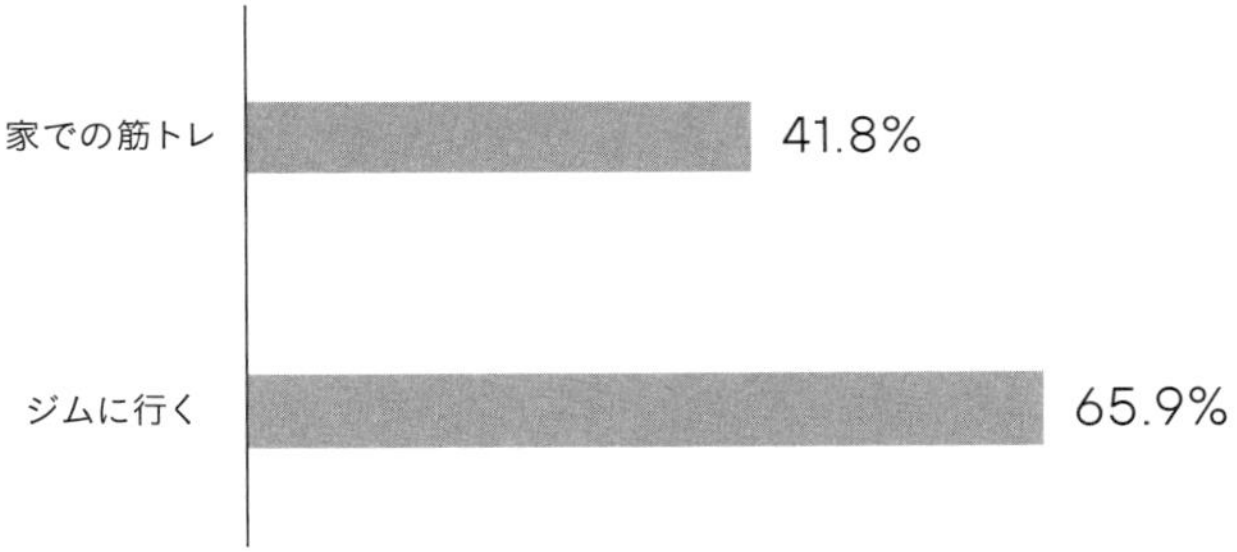

※三日坊主率＝
目標を掲げて3日以内に挫折した人の割合

（サンプル数：221721 集計期間：2022/12/1 ~ 2023/11/30）

「えー。それは別にいいんじゃないですか？　実際に筋トレするのは5分なんだし」

高橋くんはさっぱり納得していません。

「いや。それは違うよ、高橋くん」

博士はきっぱりと言って、グラフを示しました。

「同じ筋トレでも、家でする人よりジムに行く人のほうが挫折しやすいんだ。挫折率はたった3日で24％も差がつく」

「うっ……！」

そのグラフは高橋くんに、数えきれないほどのジム退会手続きの記憶をフラッシュバックさせました。

高橋くんは深呼吸をして精神的ダメージを回復させ、話に戻ります。

「……まあたしかにジムって続かないですもんね。でも、なんで家ではできてもジムだとあんなに挫折してしまうんでしょう？」

「それは、やることが増えて『面倒だなあ』という気持ちが膨らむからだよ」

そう言って博士は、何かホワイトボードに書きはじめます。

やること：ジムに行く場合

1 ベッドから起き上がる
2 タオルや着替えを用意する
3 外に出られる格好に着替える
4 ジムまで移動する
5 筋トレをする

やること：家で筋トレをする場合

1 ベッドから起き上がる
2 筋トレをする

「状況によって多少変わるけど、普通はジムに行くほうがやることが多いよね。その一つ一つが『面倒だなあ』という気持ちを膨らませて、僕たちに『もう今日はいいや』と思わせてしまうんだ」

「なるほど。たしかに着替えを準備したり、寒い中ジムまで行ったりするのって、かなり面倒ですもんね」

「そうなんだよね。1日や2日ならがんばれるかもしれないけど、習慣化は何十日も続くから、『面倒だけどがんばる』には無理があるんだ。遅かれ早かれ、『もう今日はいいや』と心が折れてしまう。その点、『準備も含めて5分』くらい簡単なことなら、何日経っても無理なく続けられる」

「へえ、意外とちゃんと考えられてるんだなあ」

高橋くんは素直に感心しました。

「段階を踏む」の威力

「でも、ということはジムに行く習慣をつくるのは難しいですか？　僕もそのうち、ジムに通って屈強なボディを手に入れたいんですけど」

屈強なボディが似合わない高橋くんは言いました。

「いや、段階を踏めば大丈夫。まだ運動習慣がなかったら、家での筋トレから始めるといいよ。それを5分、10分とレベルアップさせていって、それでも運動に抵抗がなくなってきたらジムに挑戦しよう。それもいきなり毎日じゃなく、『普段は家で10分。日曜日だけジム』とかだと続きやすいよ」

家での筋トレが続けばジム通いも続きやすくなる
過去の成功体験数ごとの「ジムに行く」成功率

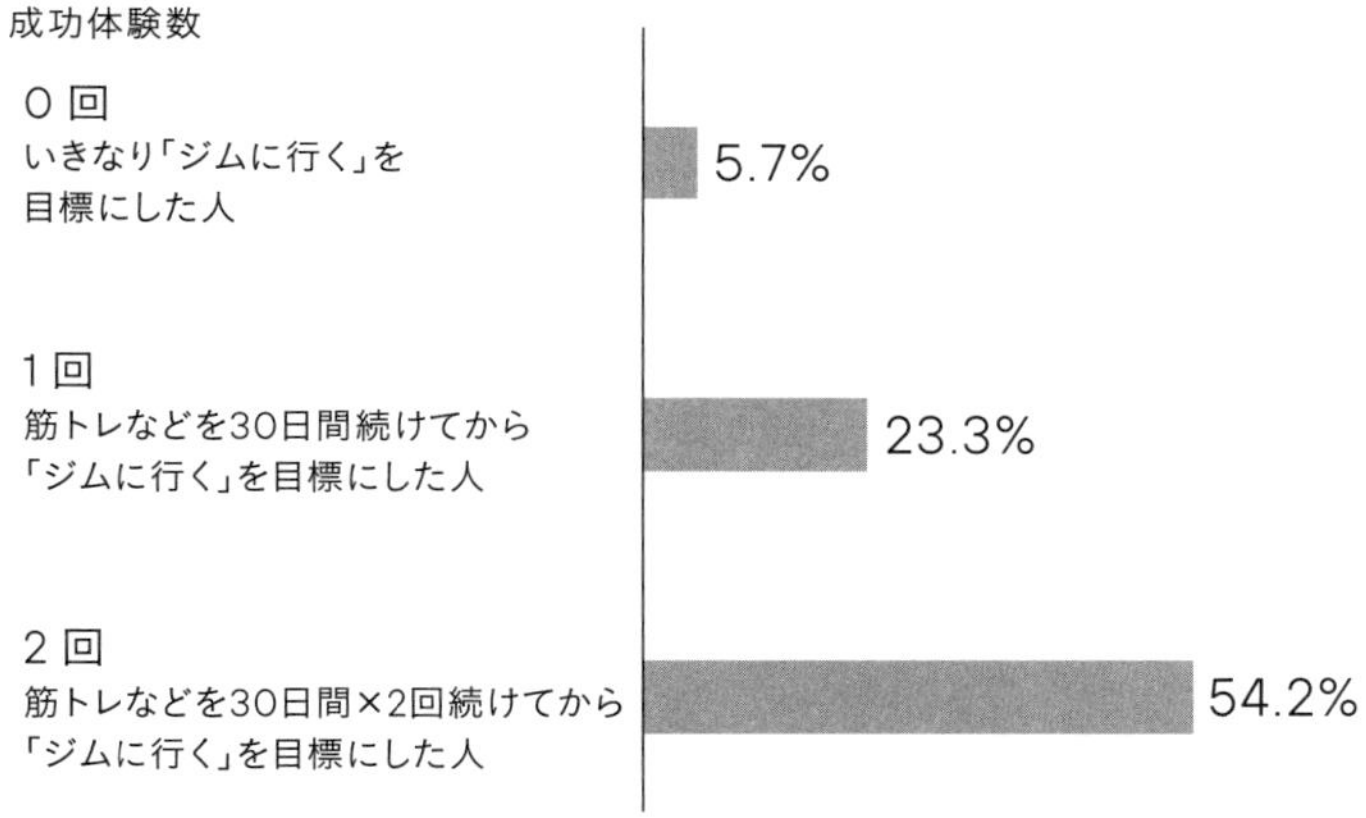

（サンプル数：378724 集計期間：2022/1/1 ~ 2022/12/31）

「ふむふむ」

「これもデータがあるよ。いきなりジムに行こうとすると、成功率はすごく低い。でも家での筋トレとかを30日続けられた後だと、格段に成功率がアップするんだ」

「すごい差だ！」

「習慣化してくると、運動することに対する抵抗が減るんだよね」

「なるほど。簡単なことから始めて、徐々にレベルを上げるといいのか。たしかにドラクエでも、最初の敵はいつもスライムだもんなあ」

高橋くんは、独自の思考で納得しました。

POINT

- 準備も含めて5分でできる目標は続きやすい
- 5分以上やるのはOK。しかし最低限のハードルは上げない
- 小さなことでも続けられると、高い目標にレベルアップしやすくなる

人間だもの1

「そんな低い目標で意味あるの？」

「というわけで、原則1は『すごく目標を下げる』でした。ここまでで、何か質問とかはあるかい？」

「はい、まだ少し引っかかっていることがあって……」

「お、なんだい？」

高橋くんは自分の考えが矛盾しているような気がして少し遠慮がちでしたが、その心のモヤモヤについて話しはじめました。

「目標は5分だけというのが、やっぱりまだ腑に落ちていない気がします。いや、『結局5分以上やる』とか『やがてレベルアップする』というのは、その通りだと思うんです。でもなんというか、まだ実感が湧かないというか、そんな低い目標の先に明るい未来が待っている気がしないというか……」

「そう思うよね。しかしそう思うのは高橋くん、きみだけじゃない！」

「何い！」

「『理論上はそうかもしれないけど、本当にその通りになるのかな』みたいな感じだよね。僕もそう思って、実際に1日5分を続けた人にアンケートをとったんだ」

「おお、ナイスな調査ですね」

「聞いたのは、『実際に継続してみて、何か成果はありましたか』」

博士はPCを開き、スライド資料を表示しました。

「『成果が少しあった』くらいの人もいるけど、**97％以上は何かしら成果があったと回答したよ**」

「え、そんなに？」

「ふふふ。具体的な成果についての報告もあるよ」

Q.継続してみて何か成果はありましたか

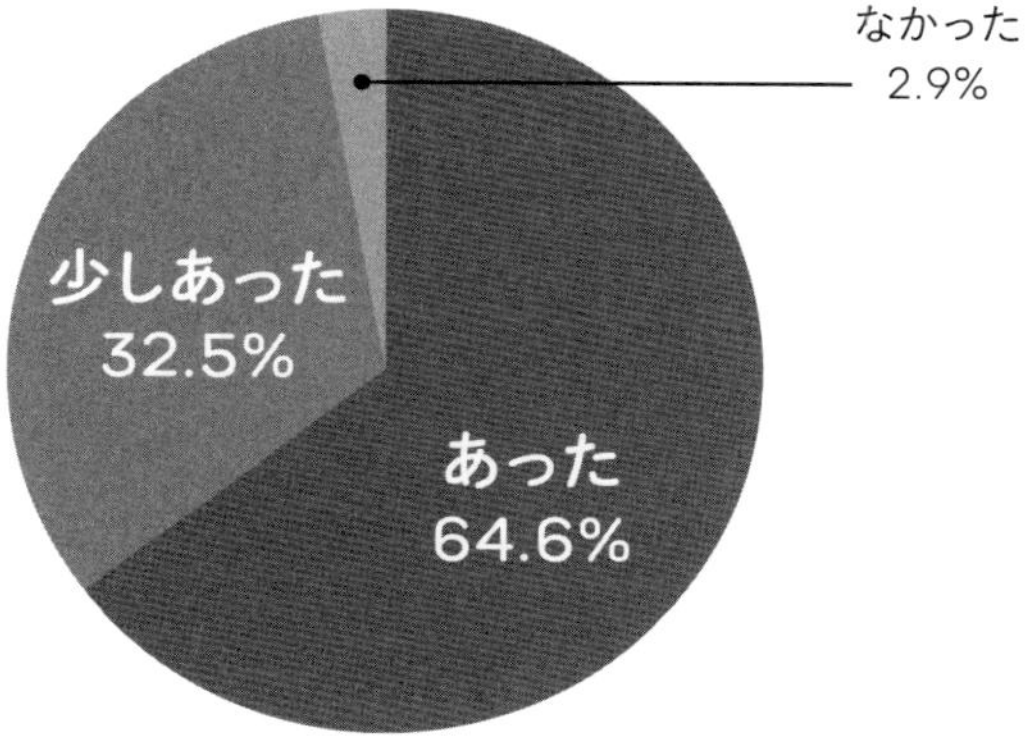

Q.継続の成果について教えてください

体重が8kg減った、痩せたねと言われるようになった(10代女性/筋トレ)
体重が5kg減り、姿勢が改善した(20代女性/筋トレ)
他にも食事制限などしていますが、体重10kg減達成しました!(30代女性/筋トレ)
体重が14kg減った(40代女性/筋トレ)
体重5kg、ウエスト3cm減(40代男性/筋トレ)
腰痛が治った(30代男性/筋トレ)
冷え性が改善しました!(40代女性/スクワット)
毎日、本を読むようになった(50代男性/読書)
毎日片づけをするようになった(20代男性/片づけ)
絵を描くことが習慣化した(10代女性/イラスト)
SF小説を完成させた(20代女性/小説執筆)
資格試験に合格した(20代女性/勉強)
コツコツ英単語を覚える習慣を身につけて、志望校に合格した(10代女性/勉強)

※6ヶ月以上続けた人が回答。
回答者数:240人 回答期間:2022/11/19 ~ 2022/12/7

「え？」

高橋くんは再び驚きます。

「たった5分の目標で、10kgやせたり小説を書いたりできたってことですか？」

「正確には『5分の目標から始めた人』だね。小さな目標はレベルアップするから」

「あ、そうでした。でもそんなレベルまで到達するとは思ってなかったなあ」

「でもさっきのドラクエの例でもさ、最初はスライムに手一杯の勇者も、順を追えばやがては魔王を倒せるようにできてるよね。それと同じようなことが、現実にもデータで示されているってことじゃない？」

高橋くんは「たしかに……」と言って、少し考えました。

現実の世界でも、正しい道の先にはハッピーエンドが約束されている。

そう思うと、自分の未来も捨てたものじゃないような気がしてきました。

98%、後悔しない

「ちなみに、アンケートの設問はもう一つあるよ」

「お、何ですか？」

博士は次のスライドを映しました。

「聞いたのは『低い目標を掲げて、よかったと思いますか？』。これには**98%以上の人が『低い目標を掲げてよかった』と回答したよ**」

「どっひゃー！」

高橋くんはクラシカルな驚き方をしました。

「これについても、実際に続けた人のコメントがあるよ」

「なんか、達成感とかモチベーションについて言及している人が多いですね」

「お！　いいところに気づいたね」

Q.低い目標を掲げてよかったと思いますか

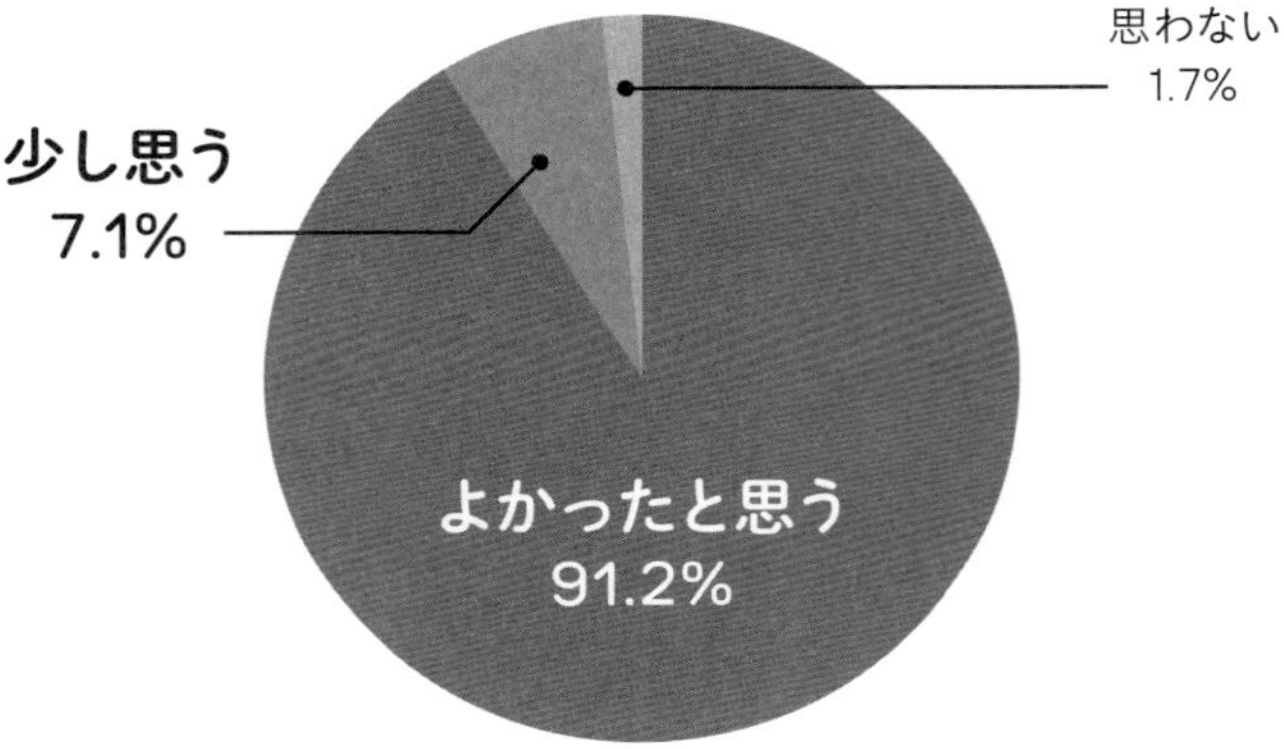

Q.「低い目標を掲げる」という考えについて、
実際に継続してみてどう思いますか？

低い目標でも達成感がすごい（20代女性／ストレッチ）

目標以上にできる日もあるし、「少しでもできた」という達成感は自己肯定感につながった。モチベーションの維持になっています（30代女性／大学の勉強）

低い目標を達成した余力で、他の行動につながりモチベーションが上がった（60代女性 / ストレッチ）

少ししかできなくても、「でも目標は達成できたし……」と思えたので、気持ちが楽になって続けられた（20代女性 / 資格勉強）

面倒でも「とりあえず5分でも」と行動したら、欲が出てきてアレコレ試したくなり、ちゃんと成果（体重14kg減）につながった（40代女性／筋トレ）

低い目標は達成感があるので、継続することが楽しくなる。もっと言えば、継続できないのは目標設定が間違っているとわかるようになった（50代女性／仕事関連）

目標の高低より、継続することに着目するのが大事だと感じました。低い目標の方が最終的には大きい成果が出ると思います（30代男性／筋トレ）

※6ヶ月以上続けた人が回答。
回答者数：240人　回答期間：2022/11/19 ~ 2022/12/7

やる気が先か、行動が先か

「高橋くんは、『やる気が行動を生む』って思ってないかい？」

高橋くんは小さく「え？」と言って、少し考えました。

「そうだと思います。やる気がある日は筋トレできて、ない日はできないと思いますけど、そうじゃないんですか？」

「それは半分正解。でもやる気がなくても、行動できることもある」

「えー、そうですかねー」

高橋くんは、さっぱり納得していなさそうです。

博士は続けました。

「目標が低いと、やる気がなくても行動できるんだ。やる気がない日に『ジムに行って1時間筋トレ』は無理でも、『家で5分』ならできるかもしれない」

「あ、たしかに」

「この違いは、やる気と行動の循環を変えてしまうんだ」

博士はホワイトボードを使って説明を始めました。

目標が高い人の悪循環

1 やる気のない日は「1時間もがんばれないぜ……」と行動できない
2 「今日もできなかった……」と残念な気持ちになり、やる気ダウン
3 翌日をやる気の低い状態で迎え、行動しづらくなる

目標が低い人の好循環

1 やる気のない日も「5分だけだし、早くやっちゃうか」と行動できる
2 行動すると達成感が得られ、「我ながらえらい!」とやる気アップ
3 翌日をやる気の高い状態で迎え、行動しやすくなる

高橋くんは「ふむふむ」と両者を見比べると、「なるほど」と納得しました。

さらに博士は補足します。

「『やる気が行動を生む』は正しいけど、『行動がやる気を生む』ってのも、また事実なんだ。だから**やる気がない日に少しでも行動できれば、やる気と行動が途切れない好循環でいられる**んだよね」

「おお、なんかすごい秘密を聞いてしまった気がする！」

秘密とか裏技が大好きな高橋くんは喜びました。

POINT

- **実際に低い目標を掲げた人の97%は、ちゃんと成果が得られている**
- **また、98%が「目標を低くしてよかった」と感じている**
- **低い目標はやる気と行動の好循環を生むので、続きやすくなる**

人間だもの2

「でも、自分はいける気がする」

高橋くんが秘密を知ってほくほくしていたとき、研究室のドアがノックされました。

「失礼します」

博士が「ああ、どうぞー」と言うと、何やらさわやかな青年が入ってきました。

「ここに署名をいただきたいのですが……あ、すみません。ご来客中でしたか」

高橋くんがいることに気づいた青年は、軽く会釈をしました。

高橋くんも会釈し返します。

「いいんだよ、山下くん。彼は僕の弟子だからね」

と博士は言って、書類を受け取ります。

（いや、弟子じゃないよ）

と言わんばかりの表情を高橋くんは浮かべました。

（ああ、強引にそういうことにされたんだな）

と察したような表情を山下くんは浮かべました。


博士は書類にサインしながら言いました。

「山下くんは僕の研究室の学生で、とても優秀なんだ。習慣三原則も一通り学んでいるから、いろいろ聞くといいよ！　理論には全面的に賛同しているし」

「へー。たしかに、どことなく優秀そうなオーラが出てますもんね」

山下くんは褒められて嬉しそうにするかと思いきや、複雑な表情を浮かべました。

「いえ、全面的にというわけでは……」

「あれ、そうだったの？　てっきり山下くんは僕の賛同者だと思っていたよ」

山下くんは、申し訳なさそうに言いました。

「えっと、全体的にはデータにもとづいていて納得できるところが多いんですけど、少し気になるところがあって……」

「え、どの辺？」

「原則1の『すごく目標を下げる』って、『みんな大きい目標は達成できない』という前提があると思うんです」

「うん、そうだね。データもあるし」

「ええ。たしかに、達成できない人が多いのはそうだと思うんですけど……」

山下くんは、「『多くの人はできないこと』ができる人もいる」と思っているのでした。これは「自分だけが優秀だからできる」などという驕りではありません（彼は優秀ながらも謙虚な青年でした）。

優秀な彼の周りにはやはり優秀な人々が多く、彼らの存在が山下くんに**「高い難易度がピッタリ合う人々もいるのではないか」**と考えさせていたのです。

しかしこれは伝え方次第でかなり傲慢に聞こえてしまうので（初対面の人の前だったので余計に）、もっと遠回しに言及しようと言葉を探していました。

しかし、博士は言いました。

「ああ、あれか！　山下くんは優秀だから、『みんなはできないことも、優秀な自分はできる』とか思ってるんだね！　ははは。自信過剰だねえ、山下くんは」

「がーん!!」

山下くんはショックを受けました。

横でなんとなく状況を察していた高橋くんは思いました。

（だからこの人、弟子ができないんだな）

60分以上の高い目標を掲げると9割以上が挫折する
60分以上の目標の人の挫折率

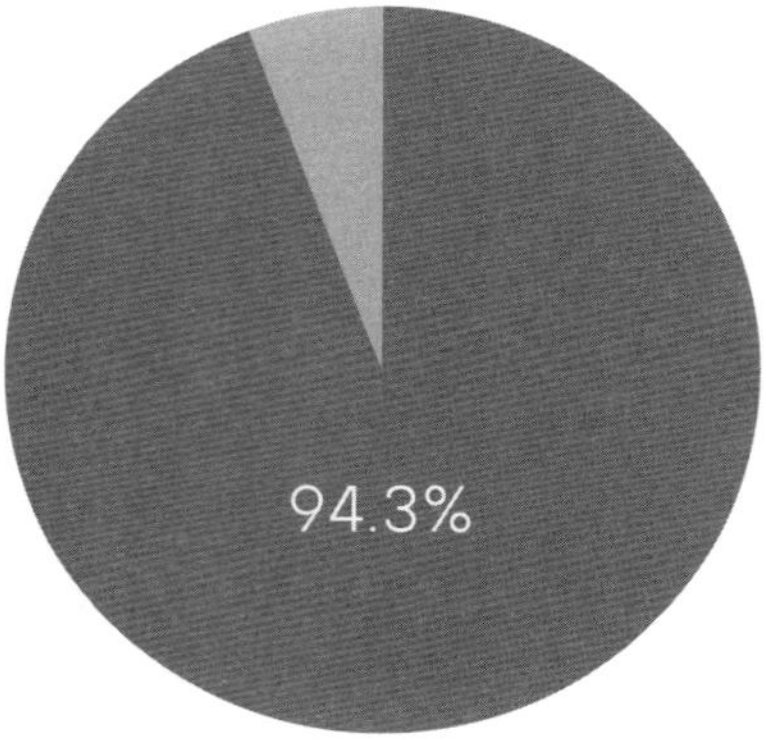

※内容は筋トレや読書など
人それぞれ

（サンプル数：7888 集計期間：2021/1/1 ~ 2022/12/31）

高い目標は本当に続かないのか

「いや、でもね。実はその考え、完全に間違っているというわけでもないんだ」

今後も弟子のできなさそうな博士は言いました。

「え？」

「実際、高い目標でも続く人はいるからね」

「あ、そうなんですね。それは知らなかったです。どれくらいいるんですか？」

山下くんは腹を立てる様子もなく、おだやかにたずねました。

「60分以上かかる高い目標を立てた人の、継続成功率がこれだよ」

「『30日続いた率』は5・7％。これは解釈が分かれると思う。『たった6％弱なら無謀か』と思う人もいれば、『自分は続く側の6％だから大丈夫』と思う人もいるだろうね」

山下くんが同意すると、博士は続けました。

「でも、その『自分は大丈夫』の考えには少し注意点があるよ」

落とし穴1
「上位6％の人が毎回成功する」わけではない

「もしさっきのデータを『上位6％の人は続く』と捉えていたとしたら、それは間違っているよ」

「え、そういうことじゃないんですか？」

山下くんは意外そうに言いました。

「うん。**『コツコツ続けるのが得意な人』も当然、百発百中で習慣化に成功するわけじゃない**よね。だからさっきのデータで続いていた6％の人も、次は挫折する可能性も大いにある」

「言われてみれば、たしかにその通りですね。……なるほど。『上位6％の人は毎回成功する』わけではないのか」

山下くんは、説明を素直に受け入れました。

落とし穴2
挫折した大多数も「自分はできる」と思っていた

「それに、挫折した94％の人たちも、『自分はできる』と考えていたんだ」

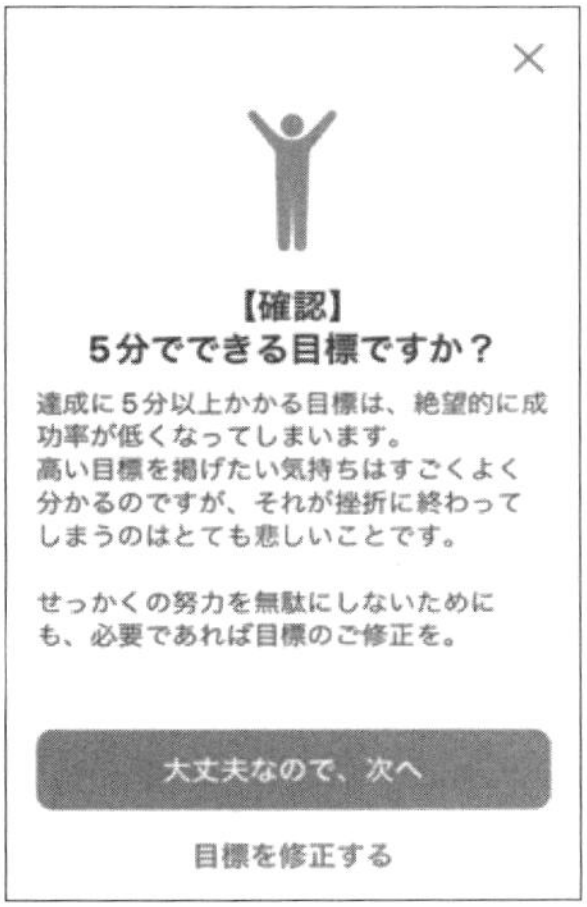

「え？」

「このデータは例の習慣化アプリから集計してるんだけど、そこで『目標は5分以内に』という案内は必ず目に入るようになってる。それでも『自分はできると思って、60分以上に設定した人』のうち94％以上が挫折に終わっているんだよ」

博士はスマホのキャプチャを見せました。

「……それは考えさせられますね。人が『できると想定するレベル』と『実際にできるレベル』にはギャップがある、ということですよね」

「そうだね。物事を続ける力というのは

ふつう、自分で思うよりもずっと弱いんだ」

博士は説明を続けました。

「もちろん高い目標を掲げるのは悪いことじゃないよ。向上心の表れだからね。でも『いきなり高い目標を立てると挫折する』というのはどうも、人間という生き物に共通する性質らしいんだ。優秀な人も例外ではなく」

「なるほど。そうであれば、誰でも順を追って小さく始めるのが得策ですね」

またも山下くんは、すぐに事実を受け入れ、理解を改めました。


それを横で見ていた高橋くんはひそかに感心し、思いました。

(そうか。優秀な人というのは、人間に共通するルールの例外となるような特殊な人じゃないんだな。変えようのない事実を正確に理解して、対策を——つまり自分を——改めることで、みんなと同じルールの中でも望む結果を収めていく人なんだ)

「おかげで納得できました。ありがとうございます」

山下くんは晴れやかな表情で、丁寧にお礼を言いました。

そして高橋くんのほうを向いて言いました。

「突然来て、長々と話し込んでしまってすみませんでした。習慣三原則はとても学びの多い理論だと思うので、がんばってください」

「え？　あ、は、はあい！」

驚きの好青年っぷりに圧倒された高橋くんが変な返事をすると、山下くんは軽くおじぎをして研究室から出ていきました。

POINT

- **「6％が成功」とは、「上位6％の人は常に成功する」という意味ではない**
- **「いきなり高い目標を掲げると挫折する」という人間の性質は変えられない**
- **しかし、「小さな目標から始める」と対策を変えることはできる**

人間だもの3

「だが、急成長がいい」

「すごく好青年な人でしたね」

山下くんが研究室を出ると、高橋くんは言いました。

「そうなんだよ、頭もいい上に礼儀正しくてさ」

博士はなぜか不満そうに言いました。

「山下くんと並ぶと、僕がダメ人間みたいに見えちゃうんだよね。悔しいからこの前の研究室の飲み会でも、好感度下げてやろうと悪口言ってたら、なんか僕が悪者みたいになっちゃってさ。そしたら山下くんが『博士も悪気があるわけではないので』

とか庇うせいで、余計に僕がダメ人間みたいになって――」

思い出して腹が立ったのか、博士は「くっそー、山下くんめ」とつぶやきました。

高橋くんは、博士と山下くんとの間に人としてのレベルの差を感じましたが、それをそっと胸の内にしまいました。

努力の12倍速

「それはさておき、ほかに何か質問はあるかい？」

人間としてのレベルが低い博士は聞きました。

人間としてのレベルがふつうな高橋くんが答えました。

「えっと……。あんな立派な人の後だと言いづらいのですが……」

「いやいや、そんなの気にしなくて大丈夫だよ！　だいたい、こんな僕が堂々としているんだから、高橋くんが変に気にする必要なんかないって！」

高橋くんは「たしかに」と納得し、話しはじめました。

「これまで『低い目標がいい』という話を聞いてきて、どれも納得できたんですけど、それでもまだ心のどこかで『もっと高い目標がいい』と思っているんです」

「ああ、それって『もっと早く結果がほしい』って思ってるからじゃないかな。つまり、こういうことじゃない？」

意外にも理解の早い博士は、ホワイトボードに書きはじめました。

- 毎日5分↓1時間やるまで12日かかる
- 毎日1時間↓1時間やるのは1日で済む
- だから毎日1時間ずつやれば、12倍早く結果が得られる

「そうですそうです！　動画を倍速再生するみたいに、12倍早く結果が得られる気

がするんです」

高橋くんは、気持ちがわかってもらえてエキサイトしました。

しかし、博士は冷静に言いました。

「でもこの計算には、致命的な計算ミスがあるよ」

5分なら10分、1時間だと0分

「『目標時間』と『実際の行動時間』って、違うんだよね。それもちょっとズレるとかじゃなくて、もう本当に全然違う」

「ああ、『5分の目標だと結局10分やる』みたいな話もありましたもんね。でもそれくらいでは、微々たるものというか……」

高橋くんはさっぱり納得できていません。

「よし、じゃあ具体的な記録を見てみよう。前に『毎日1時間筋トレする』という学生がいたから、実際に何分やったか記録(左ページ上図)をとってもらったんだ」

博士はPCで表を開きました。

「う、やっぱり挫折したのか……。途中で立て直そうとするあたり、リアルだなあ」

高橋くんはその記録に自分の姿を重ね、ダメージを受けました。

「さて、次は低い目標の人の記録(左ページ下図)を見てみよう」

「あ、でもそんなに変わらないんじゃないですか？　実際にやったのは、『1時間の人』は4時間半で、『5分の人』は5時間なんですよね」

高橋くんは一矢報いた気がして、少し嬉しそうに言いました。

しかし博士は落ち着いています。

「1ヶ月時点では、そうだね。でも**『毎日5分』が習慣化したら、差は開き続ける**」

「毎日1時間」の人

	メモ	実際に筋トレした時間
1日目	やる気に満ちていた。ちゃんとがんばった	60分
2日目	早速少しダルかったけど、負けなかった。えらい	60分
3日目	今日はとても忙しかったけど、気合いで達成！すごすぎる	60分
4日目	さすがにがんばりすぎた。圧倒的疲労感。1日だけ休むことに。明日は必ずやる	0分
5日目	昨日休んだ分がんばろうとしたが、どうしても力が出なかった。途中で終わる	30分
6日目	今日も忙しかった。今日休んで、明日から立て直そう	0分
7日目	今日はちょっと気が乗らないなあ	0分
8~30日目	たまに、思い出したように行動する日はあっても、最初の数日のようにはいかなかった	合計60分

1ヶ月累計：270分（4時間半）

「毎日5分」の人

	メモ	実際に筋トレした時間
1日目	「5分だけ」と思ってやったら、テンションが上がって10分追加	15分
2日目	1日目ほどではないが、やはり予定より多くできた	10分
3日目	疲れていたので、本当に5分でやめた	5分
4日目	調子がいい。少し多めにした	10分
5~30日目	その後もペースは変わらず、少しずつだけど続いた	毎日10分

1ヶ月累計：300分（5時間）

1年後にはこんなに差がつく
実際の累計時間の比較

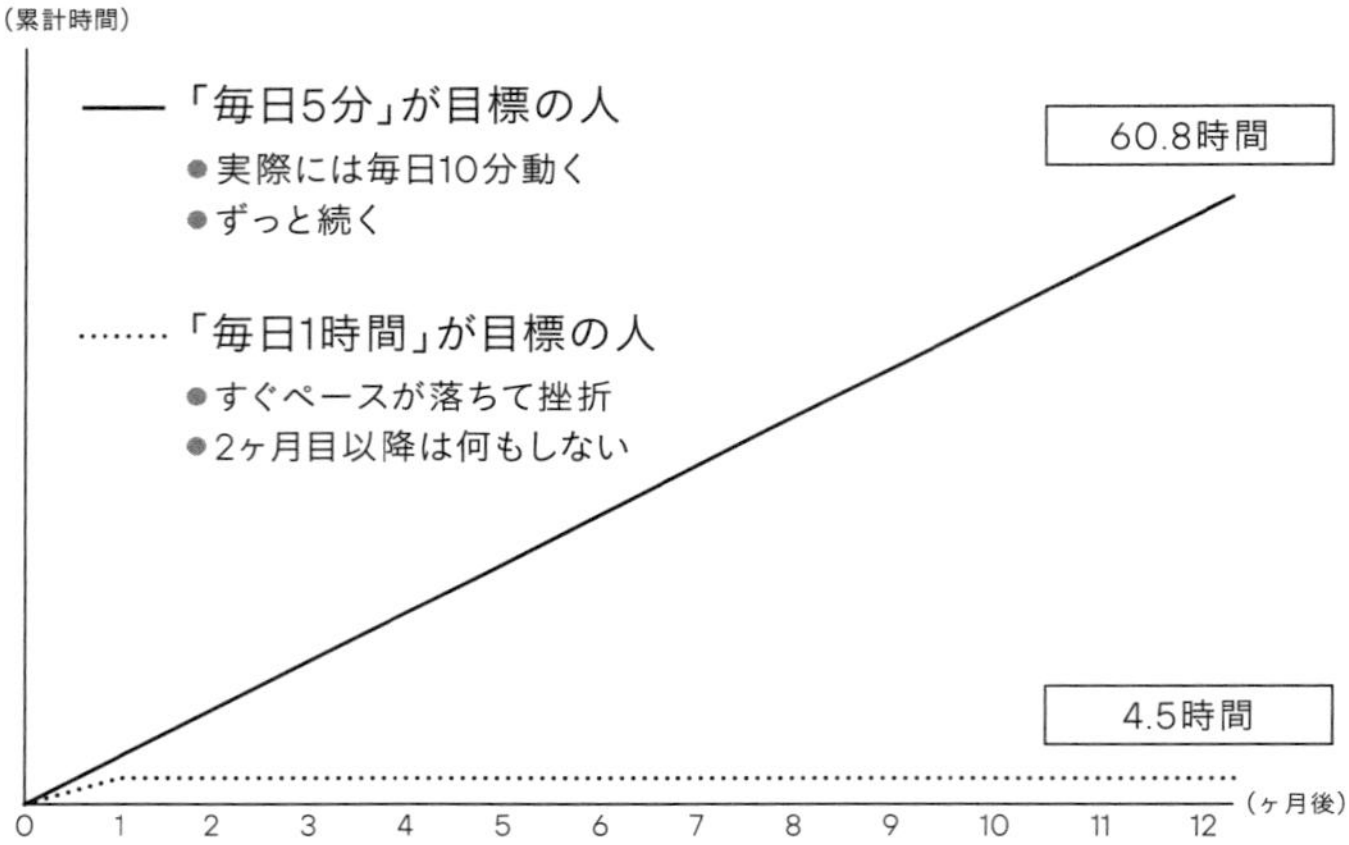

「あ……」

「もし『毎日5分』の人が同じペースで続いて、その後『毎日1時間』の人が復活しなければ、1年後にはこんな差が開くことになるよ」

「すごい差だ……」

博士は説明を続けます。

「それに続けていると習慣が定着して、よりハードなことも続くようになる。だから実際には、これ以上に差が開くことも珍しくないよ」

「なるほど。結果にこだわるからこそ、まずは焦らずに基礎を固めるのが得策なんですね。……基礎のグラついた城は長く持たない、みたいなことか」

高橋くんは、誰かから何かされたわけでもないのに、「くそう、やられたぜ」と言いました。

POINT

- **目標を無理に大きくしても、実際の行動量は大きくならない**
- **それどころか、やがて挫折するのでゼロになる**
- **「無理をして挫折する人」と「小さく続ける人」の差は、ずっと開き続ける**

○

「さて、これで原則1は終わりだよ。キリもいいし、続きはまた今度にする？」

手元の書類を折ったり伸ばしたりしながら、博士は言いました。

明らかに集中力が低下しています。

「そうしましょう！」

同じく集中力が底をついていた高橋くんは同意しました。

「じゃあ、次は1ヶ月後くらいかな。それまで原則を実践してみるといいよ」

「わかりました！」

高橋くんは鞄を持って立ち上がると、「ふふふ。でもあれですね」と言いました。

「もう既にたくさん学ばせてもらったので、いきなり習慣化に成功してしまうかもしれませんね。そしたら、せっかくまた来ても次回のレクチャーは不要になってしまいますねえ。困っちゃうなあ！　はははははは」

希望的観測で胸がいっぱいの高橋くんは、上機嫌で帰路につきました。

それを見送りながら、博士は思いました。

(なんでだろう……。ちゃんと教えたのに、すごく不安だ)

原　則　2

動けるときに思い出す

「それで、原則1はやってみたかい？」

1ヶ月後、高橋くんは再び研究室を訪れていました。

来客用のテーブルには緑茶の入った湯呑みと、高橋くんが持ってきた海苔せんべいが置かれています。

「やってみました！　とりあえず英語の勉強を始めたんですけど――」

そう言って高橋くんは説明をしました。

「あれだけ『目標は下げよう』と聞いたのに、それでも最初は物足りない気がしました。でもそこをグッと堪えて、ちゃんと『5分だけ勉強する』と決めました。えらい。そうしたら数日経っても『5分だけだし』と本当に思えて、勉強できたんです。今まではなら挫折していた頃にも、続けられたのは快挙でした」

秘められた可能性

「おお、いい感じだね！　じゃあもう、残りのレクチャーは不要かな？」

博士は、バリバリと海苔せんべいを食べながら言いました。

「いや、それが……。実はそれでも結局、挫折してしまいまして……」

高橋くんはうつむきました。

1ヶ月前に大見得を切ってしまった手前、すごく言いづらそうです。

海苔せんべいも少ししか喉を通りません。


「前よりはだいぶ進歩したと思うんですけど、それでもなぜかすごく腰が重くなるときがあるんですよね。そういう日は、5分ですら動けませんでした」

博士は「なるほど」と言って、ずずっとお茶を飲みました。

そして一つ質問をしました。

「高橋くんは、いつ勉強することにしていた？」

「え？　いつ？　……まあ平日は夜に帰ってから気が向いたらで、休日は午前中だったり午後だったりって感じですかね」

高橋くんは、ぼんやりとした返答をしました。

頷いた博士は机の上で両手を組むと、キリッとした顔を浮かべました。

「高橋くん、きみにはまだ秘められた可能性がある」

そしてニコリと笑います。

博士は（決まった……！）と満足気でしたが、歯には海苔がついていました。

事実 1

行動の苦しさは、タイミング次第

博士は、歯に海苔をつけたまま説明しました。

「次の原則は、高橋くんの継続成功率を大きく上げると思うよ。原則2はタイミングに関するものなんだ」

「タイミングって重要ですもんね」

希望のありそうな話に、高橋くんは元気を取り戻しつつあります。

「うん、習慣化でもタイミングはすごく重要だよ。**同じ行動でも、つい腰が重くなる『苦しいタイミング』とスムーズに動きやすい『楽なタイミング』があるんだ**」

○

「まず人は『だらだらモード』のとき、なかなか行動できない」

「だらだらモード……。ベッドでゴロゴロしてるときとかですか？」

「そう！　よし、実際に僕がやってあげよう。海苔せんべいももらったし」

「あ、いや大丈夫です――」

高橋くんは遠慮しようとしましたが、既に博士は「まずはこう！」と言って研究室のソファに横になっていました。


「続いてこう！」

バリッと海苔せんべいをかじりました。

食べクズが散らばります。


「さらにこう！」

「だらだらモード」の人間

ティッシュで手を拭き、それを少し離れたゴミ箱に向かって投げました。

かすりもせずに外れます。

さらに「はい！」とか「でい！」などと言ってティッシュを投げましたが、やはりかする気配すらなく外れました。

「この状態を見て、どう思う？」

ソファに寝転がったまま、博士は聞きました。

高橋くんは思いました。

（こうやって客観的に見ると、ソファに寝転がってお菓子を食べるおじさんというのは、正直ちょっと見ていて厳しいものが

あるなあ。しかも、ティッシュも外しすぎだし。あれかな。人間としての偏りがコントロールに出ちゃってるのかな)

「ゴミを捨てる」すら諦めるタイミング

そんなことを考えていると、博士は起き上がりました。

「こんなとき、筋トレや勉強はできなさそうでしょ?」

考えていたことと全く違う質問に、高橋くんは「え?」と驚きます。

「あ、ああ! そうですね! そ、それでは厳しいかと存じます」

「そうだよね。そしてこういう状態は、誰にでもある」

「……ハッ!」

ハッとした高橋くんは、棚に上げていた怠惰な自分を省みました。

「たしかに僕もベッドでスマホを見ているときは、『ゴミ箱が遠い』という理由だけでゴミを捨てるのを諦めたりします」

博士は同意し、説明を続けます。

「そんなゴミ捨てすら諦めるほどだらだらしているとき、勉強や筋トレなんて絶対できないでしょ？　だから、**『だらだらモード』を避けて行動するのが大事なんだ**」

「なるほど」

高橋くんは納得しました。


しかし一瞬経つと、不安そうな顔をしました。

「でもだらだらする時間がないと、僕は生きていくことが困難になりそうです」

「ああ、だらだらする時間があること自体は大丈夫だよ」

博士は言いました。

「むしろ、そういうリラックスできる時間はあったほうがいい。ただ習慣化したい行動はその時間を避けたほうがいい、というだけだから安心していいよ」

「あ、それはよかったです」

タイミングによって継続率が変わる
「勉強」の10日間継続率

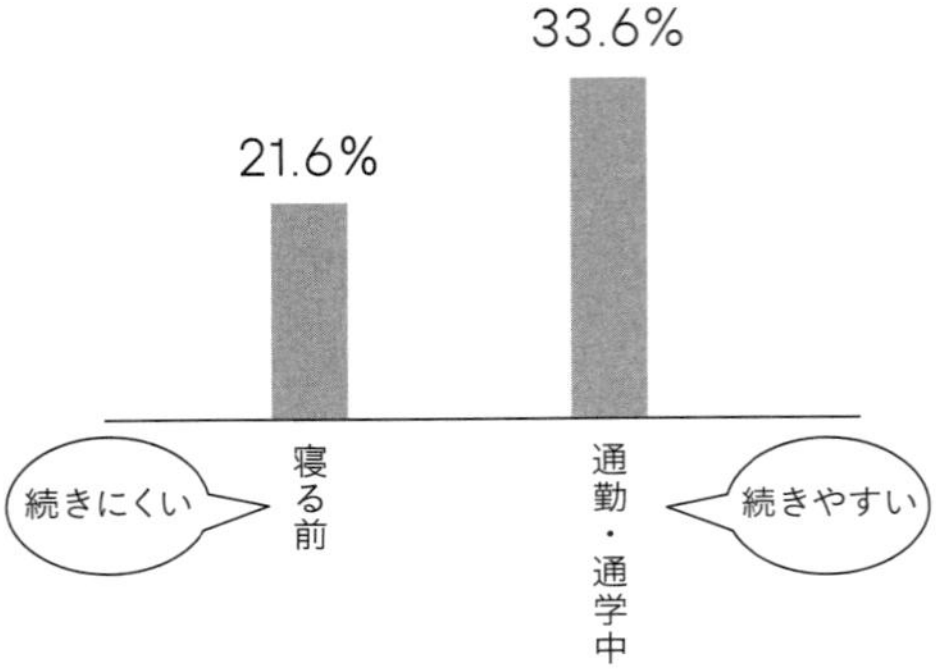

（サンプル数：823 集計期間：2021/1/1 ~ 2021/12/31）

高橋くんは、見るからに安心した顔をしました。

同じ行動でも差が開く

「タイミングについてもデータがあるよ。同じ『勉強する』という目標でも、行動しようとするタイミングによって継続率が変わるんだ」

博士は、ＰＣで資料を開きます。

「へえ。けっこう差が開くんですね。じゃあ僕も通勤中に勉強しようかな」

「あ、『通勤中がいい』みたいな**具体的なタイミングは、人によって違うんだ。**それは後で詳しく話すから、ここでは『タイミングで継続率が変わる』ってことだけ覚えておけば大丈夫だよ」

「そうなんですね。わかりました」

話が一段落し、高橋くんは海苔せんべいに手を伸ばそうとしました。

しかしそれが最後の一枚であることに気づき、高橋くんはためらいます。

その瞬間。

博士の右手が空を切ります。

最後の一枚が、躊躇なく取り去られたのです。

「な、何い！」

海苔せんべいをバリッとかじり、博士は言いました。

「一瞬の勝機を逃した者に『次』はやってこない。これがタイミングというものだよ」

（そ、そうか。タイミングって大事なんだな）

あっけに取られた高橋くんは一瞬そう思いましたが、すぐに思い直しました。

（いや、最後の一枚を食べるのは、タイミングじゃなく人間性の問題だ）

POINT

- 同じ行動をするのにも、「楽なタイミング」と「苦しいタイミング」がある
- 人は「だらだらモード」のとき、行動できない
- 行動のタイミングを変えると、継続成功率を上げられる

事実2 人は忘れる

「時に高橋くん」

博士は言いました。

「忘れたいことに限って忘れられないのが、人間というものだよね」

高橋くんは同意しました。

「そうですね。過去を振り返ると、そこには忘れ損ねた恥しかありません」

「うんうん」

同じく恥の多い生涯を送ってきた博士は、心を込めて頷きました。

そして博士は、「でもそれなのに」と言いました。

「忘れてはいけないことに限って、人はいとも簡単に忘れる」

人は、仕事中にスクワットできない

博士は本題に入ります。

「習慣化したいことも、人はすぐに忘れる」

「筋トレしようと思ってたのに忘れてた、とかってありますもんね」

博士は頷き、続けました。

「そしてさらに厄介なことに、人は思い出しても行動できないときもある」

「え、そうですか？」

高橋くんはピンと来ていません。

「たとえば『出勤前にスクワットする』と決めた人が、オフィスに着いてから『あ、忘れてた』と思い出しても、スクワットできないよね？　仕事中だから」

「あ、なるほど」

高橋くんが納得すると、博士は結論を述べました。

「つまり実際に僕たちが行動を起こすためには、それを**『行動できるタイミング』で思い出す必要があるんだ**」

一日の大半は「行動できないタイミング」

「しかも『行動できるタイミング』というのは意外と短い。たとえば勉強を例にとると、高橋くんが『勉強できるとき』はこんな感じかな」

博士はホワイトボードに表を書くと、それをどんどん塗りつぶしていきました。

高橋くんは表を眺めると、「うんうん」と頷きました。

「日によって多少違いますけど、だいたいは合ってる気がします。たしかにこうし

「行動できるタイミング」は意外と少ない（例）

時刻	0時	1時	2時	3時	4時	5時	6時	7時	8時	9時	10時	11時
していること	寝ている								出かける準備	★	仕事	

時刻	12時	13時	14時	15時	16時	17時	18時	19時	20時	21時	22時	23時
していること	ごはん	仕事							ごはん	★		眠くて勉強できない

→勉強できるのは★の時間だけ

て見てみると、勉強できる時間ってかなり短いんですね」

「そうなんだよ。毎日その限られた時間内に『勉強しなきゃ』と思い出し続けないと、習慣化できないんだ」

さらに博士は付け加えました。

「しかも『だらだらモード』を避けて、ちゃんと動ける瞬間に」

高橋くんは「なるほど」と、その難しさを噛み締めました。

「毎日となると、何の工夫もなく偶然できることではなさそうですね」

「うん。この対策はちゃんとしておかないと、人は『忘れる』というだけで習慣化に失敗してしまう。習慣化の知られざる落とし穴だね」

「うーむ。そんな罠もあったとは……。習慣化は落とし穴だらけですね」

高橋くんがつぶやくと、「大丈夫だよ」と博士は言いました。

「そこにあるとわかっている落とし穴を埋めるのは、容易いことだから」

POINT

- 人は習慣化したいことも忘れてしまう
- 思い出しても、それが「行動できるタイミング」でなければ行動できない
- 一日の中で「行動できるタイミング」は意外と少ない

対策1

楽に動けるタイミングを知る

「じゃあ対策に入ろう。まずは『楽に動けるタイミング』を見極めます」

「ふむふむ」

「ふふふ。この説明にいい小道具があるんだ」

博士はデスク下の大きな引き出しから、何かを取り出しました。

レゴです。

たくさんのブロックが入った箱と、レゴでできた小さな部屋を机に置きました。

ベッドやお風呂、トイレのある一人暮らしの部屋のようです。

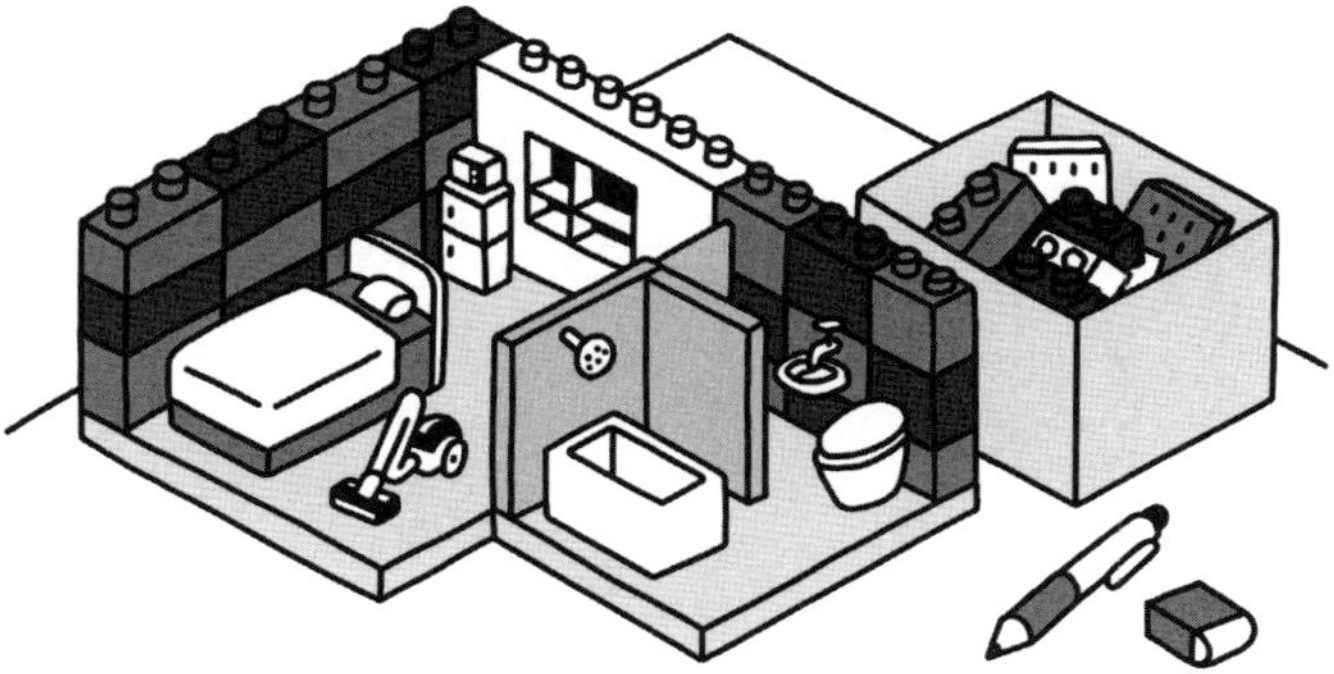

「この部屋、僕がつくったんだ。どう？」
博士は誇らしげに聞きました。
「えっと、ディテールにこだわりを感じます」
高橋くんがそう答えると（電子レンジや掃除機など、細かいレゴのパーツが設置されていました）、博士は「やっぱりわかる？」と満足そうでした。

何かの前か後に動く

「まず我々は『だらだらモード』のときはなかなか行動できないので、そのタイミングを避けたいわけです」

博士はレゴ人形をベッドに仰向けに置き、手にスマホのパーツを装着しました。「だらだらモード」を表現しているようです。


「ここで一つ意外な事実なんだけど、僕たちには『だらだらモードから脱して活動している時間』がけっこうあるんだよね」

「えー、そうですか？　僕は家ではずっとだらだらしてる気がするけどなあ」

高橋くんは納得していません。


そんな様子を見た博士は、「でもさ」と言いました。

「ごはんの準備や片づけをしたり、シャワーを浴びたりはするし、出かける前は最低限でも身なりを整えたりもするでしょ」

博士は、レゴ人形をキッチンや浴室に動かします。

「あ、たしかに。人は意外とちゃんと動いているんですね」

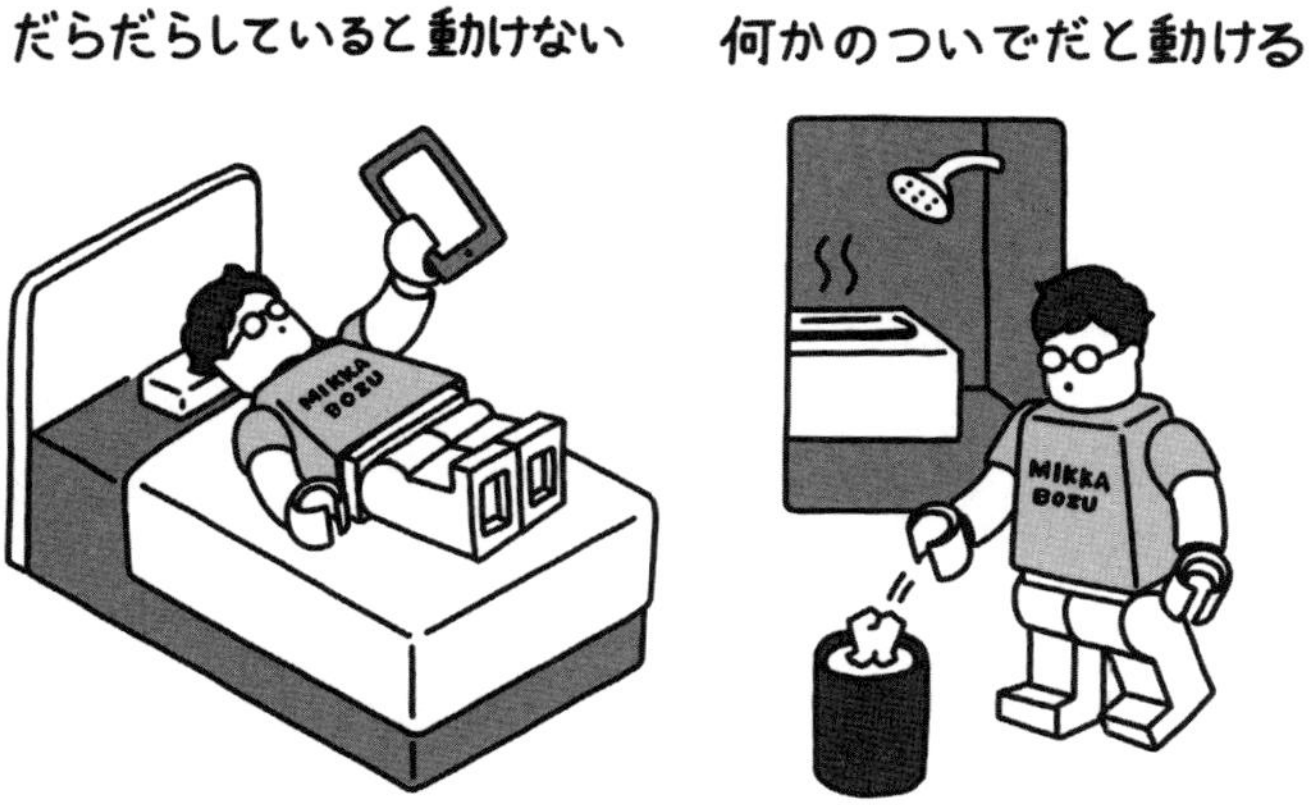
だらだらしていると動けない
何かのついでだと動ける
MIKKA BOZU
MIKKA BOZU

「うん。**『生活にどうしても必要な行動』は多いから、実は僕たちはけっこうちゃんと活動している。**そしてこれは、習慣化にとってチャンスなんだ」

「ん？　なんでですか」

「**活動しているとき、僕たちは『だらだらモード』の外にいる**からだよ。ベッドでゴロゴロしているときは面倒でも、シャワーを浴びに立ち上がったついでなら、ちゃんとゴミをゴミ箱に捨てられる気がしない？」

ベッドに寝転がしたレゴ人形を立て、浴室のほうへてくてくと動かしました。

その途中には、ゴミ箱のパーツが設置されています。

「あ、そうかもしれないです」

「これが『だらだらモード』を脱した瞬間だよ。こういうタイミングを狙って、習慣化したい行動をするんだ。そうすれば面倒に感じず、スムーズに行動できる」

「なるほど！　すごい作戦だ」

感銘を受けた高橋くんには、部屋にたたずむレゴ人形が、怠惰な己に負けない立派な人間のように見えてきました。

「午前中」とか「夜」にしない

「あと、この話をすると『よし、午前中には勉強するぞ』とか『夜に筋トレしよう』みたいな目標を立てる人がいるんだけど、それはあまりオススメしないよ」

博士は、レゴブロックをカチャカチャさせながら言いました。

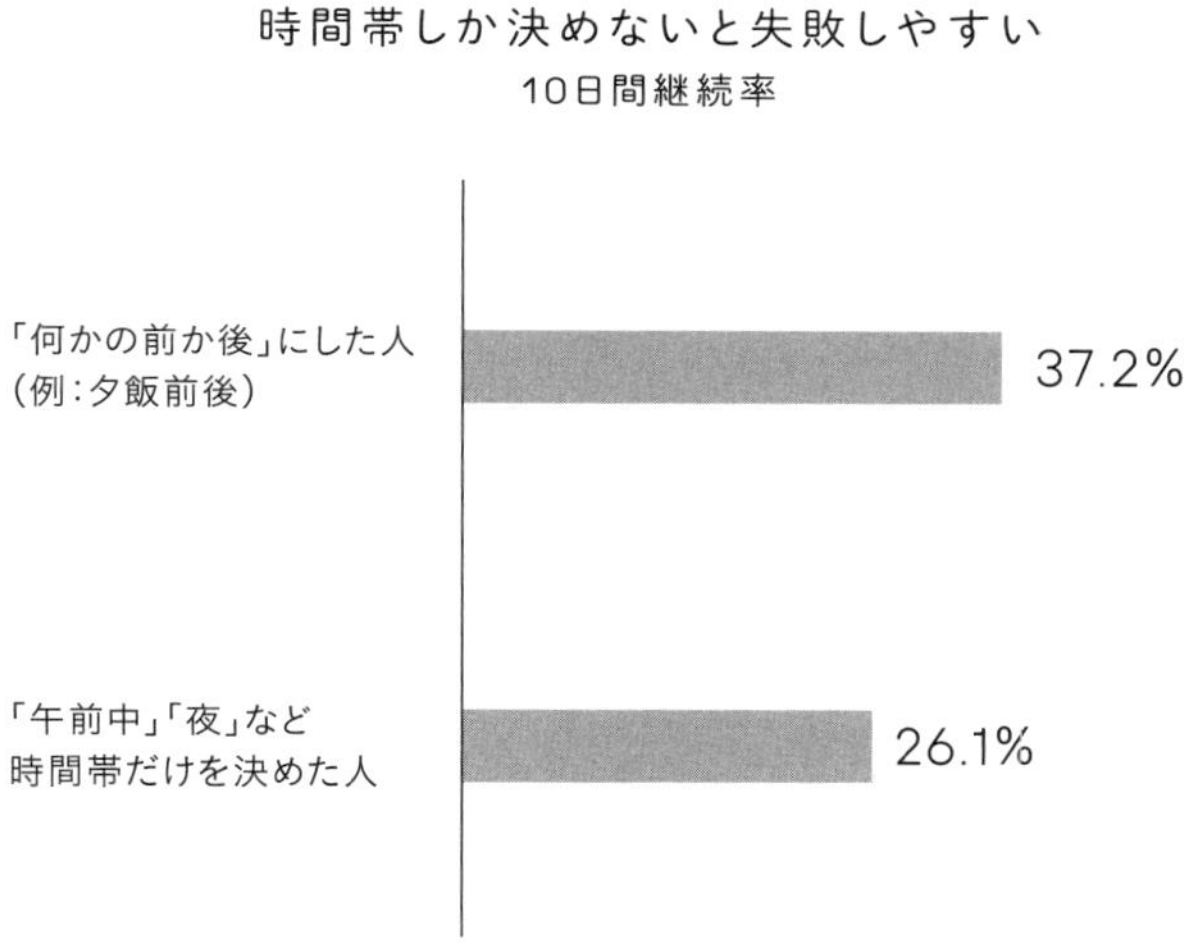

（サンプル数：4030 集計期間：2021/1/1 ~ 2021/12/31）

『何かの前後』になっていないからですか？」

「お！　飲み込みが早いね、高橋くん」

「おそれいります」

褒められて嬉しそうな高橋くん。

「重要なのは『夜』みたいな時間帯じゃなくて、『シャワーの後』みたいに行動のきっかけとなるタイミングなんだ」

博士は補足して、それを裏づけるデータを示しました。

具体的にいつがいいのか

「じゃあ、具体的なタイミングの例を紹介するよ。ただ、『楽なタイミング』はかなり人によるからあくまで参考程度にね」

「はい、お願いします」

博士は箱からたくさんのレゴ人形を取り出すと、浴室や玄関の前や外、食事テーブルの横などに置きました。

そして、次のような具体的なタイミングについて説明しました。

行動しやすいタイミングの例

- 起きてすぐ
- 朝・晩ごはんの前後（昼は外にいて行動しづらいことが多いので避ける）
- 出かける前

◎通勤・通学中
◎帰宅後すぐ
◎シャワー・お風呂の前後
◎寝る前

「ふむふむ。けっこういろいろありますね」

「そうだね。この中で、自分の体質や目標に合ったものを選ぶといいよ。たとえば、高橋くんは見るからに早起きは苦手そうだよね」

博士は人を見かけで判断しました。

「はい、すごく苦手です」

高橋くんは見かけ通りの男でした。

「そんな高橋くんが『朝起きてすぐ勉強する』のは無理があるでしょ」

「あ、なるほど」

行動しやすいタイミングを見つけよう

「あとは目標にもよる。たとえばハードな筋トレは、シャワーの後より前がいい。せっかくシャワーを浴びたのに、また汗をかいちゃうから」

それから話をしばらく続け、高橋くんは次のような具体例を学びました。「メモをとっていいですか」と聞き、それをスマホにメモしました。

避けるべきタイミング

- いつもクタクタで家に帰る人……帰宅直後（疲れていて動けない）
- 勉強したい人…………………寝る前（頭がぼんやりしている人が多い）
- ハードな運動をしたい人………食後（消化中で負担がかかる）
- ハードな運動をしたい人………シャワー・お風呂の後（汗をかいてしまう）
- 早起きが苦手な人……………起きてすぐ（頭がぼんやりしている）

ナイスなタイミング

◎筋トレ……シャワーの前（汗をかいても安心）
◎筋トレ……ごはんの前（食後はよくないので、その前に）
◎勉強……ごはんの前後（勉強は食後でもできる人が多い）
◎勉強……通勤・通学中（満員電車なら、音声教材がいい）
◎ストレッチ…シャワーの後（身体があったかくて伸びやすい）
◎片づけ……シャワーの前後（心身の次は、部屋を綺麗に）

「こんな感じですかね？」

高橋くんはとり終えたメモを博士に見せました。

意外とよくまとまっていて、博士は感心します。

「すばらしいよ！　やはり、僕の後継者は高橋くんしかいないなあ」

高橋くんは、ベストを尽くしすぎたことを後悔しました。

POINT

- 「何かの前か後」を狙うと、スムーズに行動しやすい
- 時間帯ではなく、行動のきっかけとなる「タイミング」を考える
- 動きやすいタイミングは、行動の内容や人の体質による

対策2　忘れられない環境をつくる

「ということで『楽に動けるタイミング』がわかったら、我々はそのタイミングで目標を思い出す必要があります」

「ふむふむ」

「うん。思い出す方法はいくつかあるんだけど、いちばん簡単なのはこれかな」

博士はポケットからスマホを取り出し、リマインダーを開きました。

方法A　時間で思い出す with リマインダー

「まず自分にとっての『楽なタイミング』が、だいたい何時くらいか考えよう」

リマインダーがあると成功しやすい
アプリ通知による成功率の違い

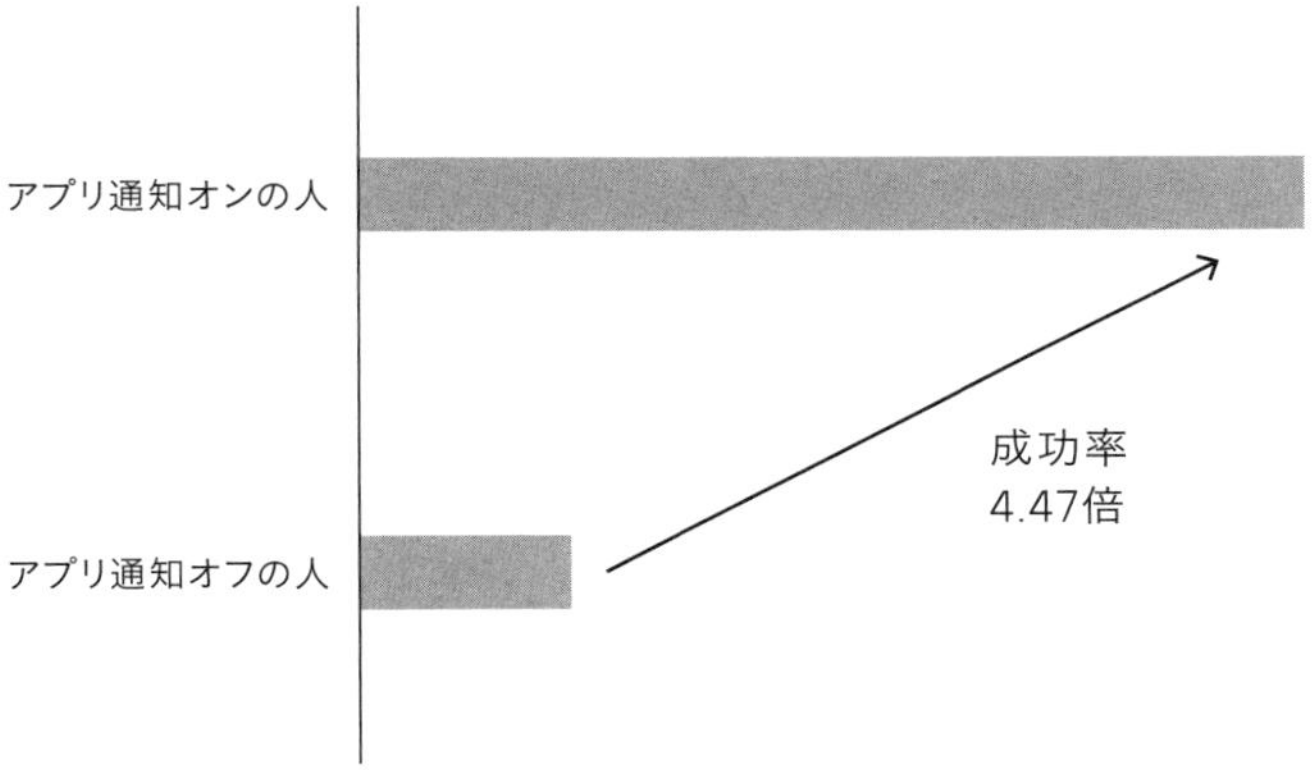

（サンプル数:283809 集計期間:2021/1/1 ~ 2022/12/31）

「えっと、たとえば僕が『シャワーの前に筋トレをする』とすると……。まあだいたい夜の8時くらいですかね」

「うん、そんな感じだね。あとはその時間に、毎日くり返すリマインダーをセットすればOKだよ」

高橋くんはリマインダーを設定すると、

「よし」と言いました。

「かなり簡単でしたけど、これだけで効果があるんですか？」

「うん。リマインダーの効果は絶大だよ。例の習慣化アプリで通知オンの人は、**継続成功率が4・47倍も高かったんだ**」

「ひょえー！」

「しかもこれは単純に『通知オンの人』『オフの人』を比較しているだけだから、適切なタイミングで通知を受け取ると、さらに差が開くはずだよ」

高橋くんは感心して言いました。

「リマインダーって地味に見えて、実はすごいものだったんですね」

方法B　場所で思い出す with 物

「ちなみに、思い出すのはスマホを使わなくてもできるよ」

「え、どうやるんですか？」

「たとえば『シャワーの前に筋トレ』だったら、こう」

博士はレゴ部屋の浴室前に、ダンベルのパーツを置きました。

「おお、なるほど！　そうしたらシャワー前に必ずダンベルを見るから、『筋トレしなきゃ』って思い出せますね」

「うん。必ず思い出せれば、方法は何でもいいんだ。たとえば他には――」

博士はレゴ部屋にパーツを置きながら、具体例を説明しました。

忘れようのない環境の例

- ごはんの前に筋トレ……冷蔵庫の前にダンベルを置く
- ごはんの後に勉強………食器を洗うシンクの横に教材を置く
- 通勤中に英会話ラジオ…玄関ドアに英語名言カレンダーを貼る
- シャワー後にヨガ………ドライヤーをする場所にヨガマットを置く

「でも僕、ダンベルなんて持ってませんよ？」

説明を聞くと、高橋くんは言いました。

「ああ、それは何でもいいんだ。**それを見て『あ、筋トレしなきゃ』と連想できれば。**『食べる前に筋トレ』と書いた紙でも、なかやまきんに君の等身大パネルでも」

博士は、あまり役立たなそうな具体例を添えました。

「きんに君の等身大パネルなら、ちょうど持ってます！」

なぜか役立ちました。

「それはよかった。というわけで、スマホなしでも思い出すことはできる。でも実際には思い出しても『後でやろう』と先延ばししたりするから、**リマインダーと併せるとさらに効果的だよ**」

博士は散らかったレゴを片づけながら言いました。

「なるほど。どうせタダだし、両方やってみよう」

高橋くんも片づけを手伝いました。

POINT

- 人は行動を必ず忘れるので、忘れられない環境をつくるといい
- 方法Ａ「楽に動けるタイミング」の時間にリマインダーを設定する
- 方法Ｂ「◯◯しなきゃ」と連想するものを置いておく

人間だもの1

「いつも同じ時間には動けない」

「でもよく考えてみたら」

高橋くんは、レゴを片づける手を止めました。

「毎日8時にリマインダーをセットしましたけど、その時間に動けるとは限らないですよね。残業で遅く帰る日もありますし、土日は夜の過ごし方も違いますし」

博士はレゴを片づけながら言いました。

「それは原則に戻って考えるといいよ」

手法は柔軟に、原則で判断する

「もちろん毎日同じ時間にするのが理想ではあるけど、現実にはそれが難しい事情もあるよね。そういう場合はリマインダーで時間を捉えるより、浴室前のダンベルとかで場所を意識するほうをメインにしよう」

「なるほど。残業の日も、シャワーは必ず浴びますもんね」

「うん。でもこれは場所を意識するほうが優れている、という話じゃないよ」

博士は補足しました。

「さっき紹介した2つの方法はどちらも効果的だけど、**大事なのはあくまで『動けるときに思い出す』っていう原則**だから。それさえできれば、具体策は何でもいいんだ」

「あ、そうか」

高橋くんは再びレゴを片づけながら、少し考えました。

(僕は具体的な手法をバラバラに考えていたから、問題が起こる度に悩むけれど、博士はいつも普遍的な原則で考えているから、どんな状況も同じ原則で判断できる。博士は、僕より深いレベルでものを考えていたんだ)

そう気づいた高橋くんは、それまでただのデリカシーに欠ける小太りじいさんくらいに思っていた博士を、少し見直しました。

そして口に出さずに敬意を込め、丁寧にレゴを片づけました。

POINT

- **毎日同じ時間に行動することは望ましいが、必須ではない**
- **それが難しい場合、場所によって思い出す方法が有効**
- **他に前述の対策が難しいときも、原則さえ守れば具体策は何でもいい**

○

「これで原則2は終わりだよ」

博士はレゴを引き出しにしまい、立ち上がりました。

「キリもいいし、食堂でコーヒーゼリーでも食べて休憩しようか。うちの学食のコーヒーゼリーは異様においしいんだよ」

「そうなんですね！　それはぜひ」

思っていたより早く原則2を消化できた高橋くんは、仕事の打ち上げに行くような清々しい気持ちで応じました。

原　則　3

例外を設けない

事実1

間を空けると、挫折率がはね上がる

学食に着くと博士は、無駄のない洗練された動きでコーヒーゼリーを2つ注文し、高橋くんと隅っこの席に座ります。

異様においしいコーヒーゼリーに高橋くんが「なんだこれは……」と感動し、その話をしていると、やがて博士が「そもそもゼラチンの起源は古代エジプトに——」と長くなりそうな話を始めたので、高橋くんは一度トイレに立ち上がり、戻るとすかさず言いました。

「そういえば、原則3はどんなものなんですか？」

「ああ、原則ね。原則3は『例外』についてなんだけど——」

話題の転換は成功しました。

Boy and Girl

博士はなぜか、遠くの席のほうに視線を移しました。

「あの左奥で本を読んでる白いシャツのさわやかボーイと、右奥のグループにいるさらさら黒髪ガール、見える？」

高橋くんも視線を移し、「もっと右」などと言われて二人を認識しました。

清潔感のある端正な顔立ちの青年と、品のある清楚な女の子でした。

「あの二人、前は付き合っていたんだ」

博士はしんみりと言うと、詳細を話しはじめました。

（古代エジプトのゼラチンの話と違って、高橋くんは興味津々です）

○

僕はよくこの食堂に来るんだけど、あの二人も前はよく一緒に来てたんだよね。

美男美女でお似合いのカップルだったよ。

でも、ある頃から急に二人が一緒にいるのを見なくなったんだ。

喧嘩でもして別れたのかと思っていたんだけど、そうじゃなかった。

彼が友達とごはんを食べているとき、気になって近くの席で話を聞いてみたら、ゼミと就活が重なってすごく忙しくなったらしい。

それでなかなか彼女と時間を合わせられなかったんだ。


そんな時期のある日、久しぶりに二人がまた一緒にごはんを食べていたんだ。

でも、二人とも嬉しそうじゃない。

聞き耳を立てていると、彼女は言った。

「花火、今年は行けそうにないね。また来年かな」

彼は頷いた。

どうやら毎年一緒に行っていた花火大会があったらしい。

それからしばらく経って、彼は内定を取り就活を終えた。

でももう、二人で一緒にごはんを食べる姿は見なくなってしまった。

○

話の終わりに、博士は言いました。

「時間が経って、心が離れてしまったんだね」

なんだか悲しくなった高橋くんは、気を紛らわそうとコーヒーゼリーを食べます。

口にクリームの甘さが広がった後、苦い後味が残りました。

心が離れるまでの時間

「さて、ここからが習慣化レクチャーなんだけどね」

博士は顔を上げ、急にハキハキと話しはじめました。

レクチャーを受ける気分でない高橋くんは、ぼんやりと聞いています。

「心が離れると終わりが訪れる。これは習慣化も同じだよ。恋愛は別れ、習慣化は挫折と形は違うけど、終わることは同じ」

「言われてみれば、たしかにそうかもしれませんね」

「では、ここで問題です」

クイズになったので、高橋くんは急にしっかり話を聞きはじめます。

「あの二人は半年ほどで心が離れ、別れてしまいました。では習慣化はどれくらい時間が経つと、心が離れて終わってしまうでしょうか？」

「うーん。好きな人同士だから半年ももったけど、筋トレとか勉強なんか、ずっと早く『もういいや』ってなりそうだから……。1週間！」

その答えを聞いて、博士はふふふと笑いました。

「答えは、**だいたい1日か2日だよ**」

「え！　そんなにすぐですか？」

博士はスマホを取り出し、グラフを開いて見せました。

「たとえば『毎日筋トレしよう』という人が、1日サボったとします。すると69・1％の人は、それを境に二度と筋トレをしなくなる。2日連続でサボると、83・8％

（155ページ上図）」

「な……」

あまりに高い数値に驚いた高橋くん。

しかしよく考えると、高橋くんも過去に何度もそのパターンに陥っていました。

一度でも理由をつけて休んでしまうと、まるで理性のダムが決壊したかのように怠惰な気持ちがあふれ出し、二度目三度目はもっと簡単に休むようになって、気づいたらもうどうでもよくなっているのです。

「まあ何日目で休むかにもよるけどね。でもいずれにせよ『間を空ける』ってのは、人が思うよりずっと大きな問題なんだ。それに**一度サボると、たとえその後なんとか復活して何日かがんばった人も、結局やがて挫折しやすくなる**(左ページ下図)」

少しサボるだけでそのまま復活できなくなる
サボった人の「二度と行動しない」率

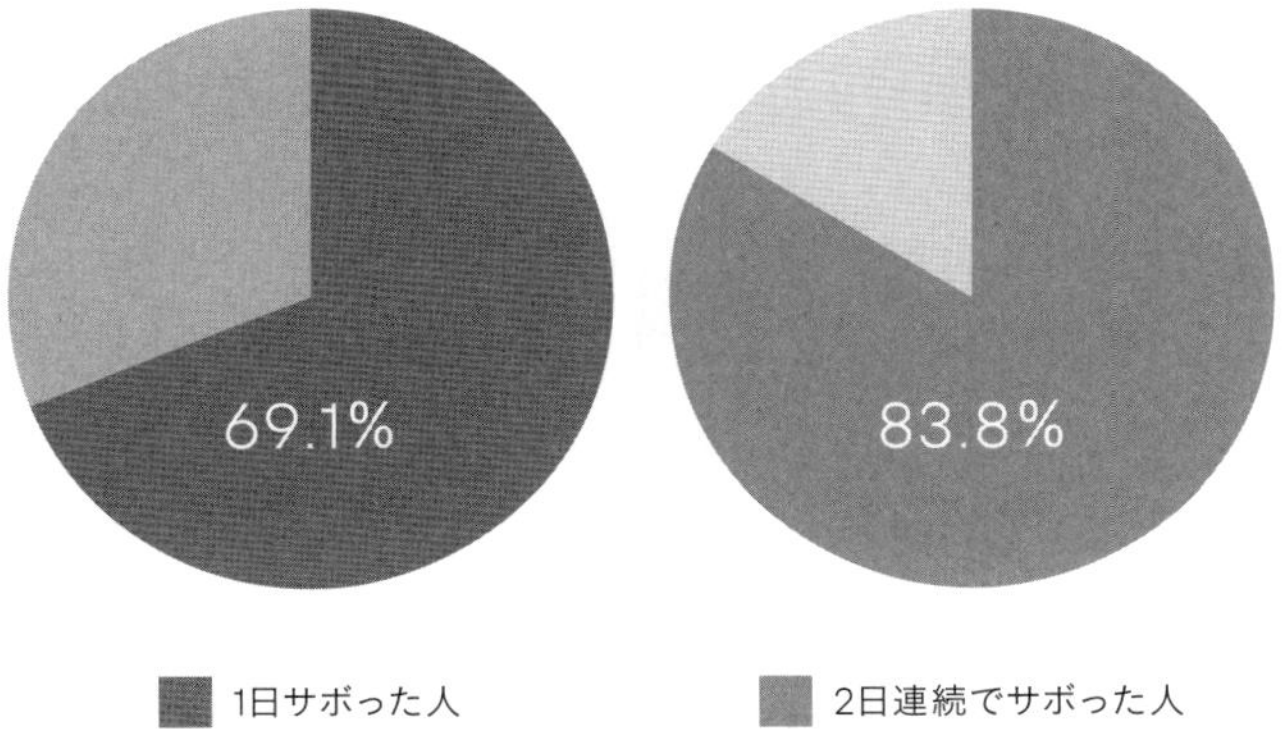

（サンプル数：87456 集計期間：2022/1/1 ~ 2022/12/31）

一度でもサボればやがて挫折してしまう
サボった人の「30日以内に挫折する」率

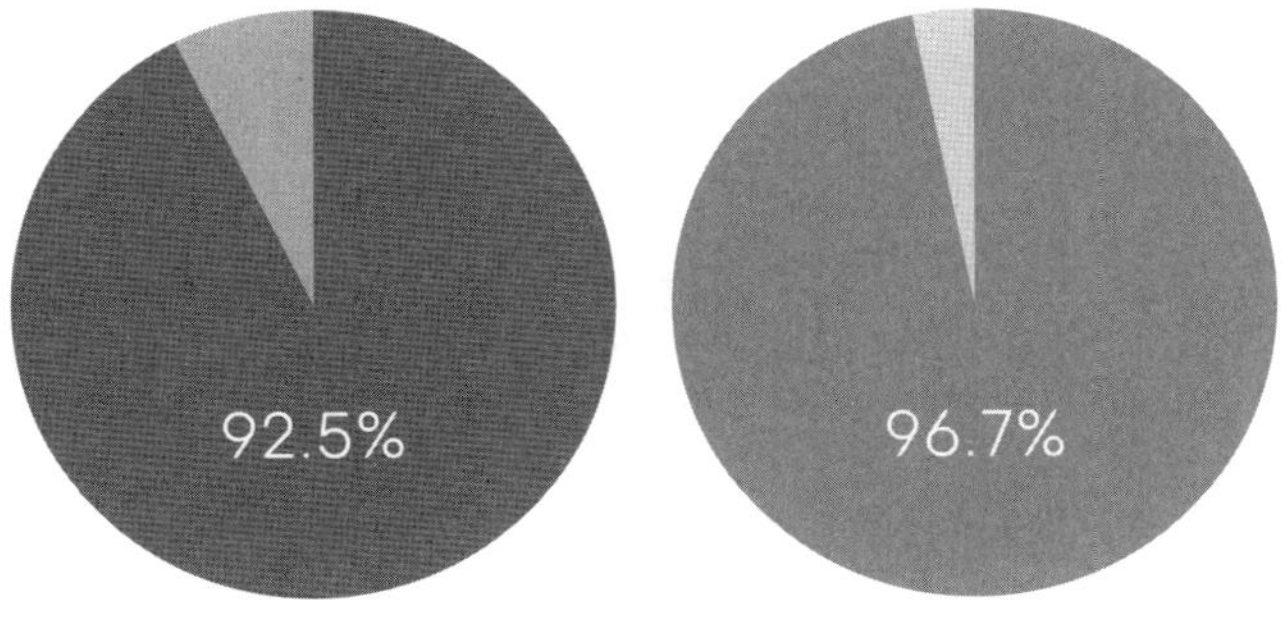

（サンプル数：87456 集計期間：2022/1/1 ~ 2022/12/31）

「月に一度」は例外か

「しかし博士。そうは言っても、例外的な日はありますよね」

高橋くんは切り出しました。

「毎日筋トレしようと思っていても、急な残業とか飲み会とかありますし」

「それを『例外』と捉えるかが重要だよ。それってどれくらいの頻度である？」

「え、どれくらいだろうな……。まあ、月に1、2回ですかね」

「だったら、それには対策が必要だと思うよ」

博士はハッキリと言いました。

「それって、毎月1、2回は『それを境に二度と行動しなくなる危機』が訪れてるってことだから。それは高橋くんのあらゆる習慣化の成功率を、激減させている」

「なんですと……」

「月に一度起こり得るようなことは、『例外』じゃないんだ。その対策は絶対に持っておいたほうがいい。そうすれば、うまくいく確率はグッと上がるから」

博士の言うことは正しいと思いつつも、「忙しい日もサボれない」という厳しい事実をなかなか受け入れられず、高橋くんは逃げるように目線を逸らしました。

しかし先ほどの恋人と別れた青年が目に入り、一人で本を読む姿はなんだかとても寂しそうに見え、心が離れるということを軽んじてはならない気がしてきました。

POINT

- **何もせずに時間が経つと心は離れ、物事は終わる**
- **習慣化は1、2日で心が離れる**
- **一度間を空けると、その後また行動できても、やがて挫折しやすくなる**

対策1

代わりに何かする

「あの二人、どうにか乗り越える方法はなかったんですかね」

高橋くんは答えを求めていませんでしたが、博士は「あるよ」と言いました。

「え？」

Boy and Girl その2

「かなり似た境遇にいた人を知っているけど、彼は同じ困難を乗り越えた」

そう言って博士は、ある学生についての話をしました。

○

しばらく前に、僕の研究室にいた学生の話なんだけどね。

一つ年下の恋人がいた彼は1年早く卒業し、就職したんだ。

彼らも例の花火大会に毎年行っていた。

(有名なイベントなので、そういったカップルは多い)

しかし社会人1年目の彼は想像以上に忙しく、しかもその年は平日開催だったこともあって、どうしても行けそうになかった。

そのことを電話で聞いた彼女は「残業代稼ぐチャンス!」などと笑って少しも責める様子はなかったけれど、彼はすごく申し訳なく思ったらしい。

そこで彼は、週末に手持ち花火を持って彼女の家を訪れたんだ。

「こんなのでごめんね。来年はちゃんとでっかい花火見に行こう」

ってパチパチ手持ち花火をしたんだって。

その翌年、二人は約束通りに花火大会に行った。

ハッピーエンドへの分岐点

「二人はそれからしばらくして、結婚したんだって」

「おお、よかったですねえ……」

少し感情移入している高橋くんをよそに、博士はずいずいと話を次へ進めました。

「この二人と、別れてしまった二人、何が違っていたと思う？」

高橋くんはまだ少し余韻に浸りつつも、ゆっくりと考えはじめました。

（別れてしまったほうも、二人が悪かったわけではない気がする……。どうしても忙しい時期ってみんなあるし、それがたまたま大事な花火大会に重なったから？　いや、でもそれはもう一組も同じじか。じゃあ違いは——）

「代わりに何かしたこと？」

「お、正解！」

二組の違いは、問題に直面したときの対応にあったのです。

問題はどちらも同じ、「忙しくて花火大会に行けないこと」でした。

しかし一方はそこで「来年は行こう」と考え、もう一方は「今年でも手持ち花火ならできる」と考えました。

そして「来年」のことを考えたほうに「来年」は訪れず、「今年」のことを考えたほうにはそれが訪れました。

第三の選択肢

「習慣化も、同じことが言えるよ」

そう言って博士は説明を始めました。

「何かを続けていると、『どうしても今日は難しい』というときは必ずやってくる。そういうときに『明日はやろう』ではなく、どんなに小さなことでもいいから、その日に何かをするんだ。それが、これまで積み上げてきたものをつなぎ止める」

博士は具体例を挙げました。

「『5分の筋トレ』ができないときは『30

秒の筋トレ』とか『帰り道に少しだけ遠回りして歩く』くらいの、本当に小さなことでいい」

「なるほど」

その発想は、「人は1日休むだけで挫折する」「しかし行動が難しいときもある」という問題に現実的な折り合いをつけていて、理に適っていました。

それにより、これまで物事を「やる」「やらない」の二択で考えていた高橋くんは、「少しだけやる」という新たな選択肢を得ました。

POINT

- **「忙しくてできない」ときは、誰にでも訪れる**
- **そのときに何もしないと、すごく高い確率で挫折する**
- **そのときに小さくても「代わりの行動」をすると、続きやすくなる**

対策2

「日数リセット」ルール

「さて、心が離れて『もういいや』となったとき、習慣化は終わってしまうのでした。だから僕たちは、そんなふうに手遅れになる前に手を打ちたいわけです」

「ふむふむ」

「しかし困ったことに、『心が離れる』様子は目に見えないので、注意しないとなかなか気づかない」

高橋くんは熱心に聞いています。

「なるほど。だから『気づいたときにはもう手遅れ』ってなっちゃうんですね」

「そうそう。そこで、**手遅れに近づいているときにちゃんと『これはマズイぞ』と気**

づける仕組みをつくります」

博士はコーヒーゼリーを食べ、キリッとした顔をしました。

「それが、日数リセットルールだよ」

2日空いたら最初から

「リセット、ですか?」

高橋くんは、まだピンと来ていません。

博士は順を追って説明しました。

「まず筋トレとかを始めるとき、『30日続いたら成功』みたいなゴールを決めます」

「それはいいですね。終わりがあったほうが、がんばれそうですし」

高橋くんはそのアイデアを歓迎しました。

「それで毎日筋トレをしたら、1日目、2日目と数えていく。それが30日になったら成功」

「なんか楽しそうですね」

「そうでしょ。しかし、ここでリセットルール。**2日連続でサボったら、1日目からやり直し。**たとえば28日目時点でも2日連続でサボったら、また1日目から」

「えー」

高橋くんは、急激に抵抗を示します。

「ゲームのデータを途中で消されるのと同じですよね。それは嫌だなあ」

しかし博士は「その気持ちが大事だよ」と言いました。

「『リセットは嫌だからやろう』って気持ちがなかったら、サボっても『まあいいか』と思っちゃうでしょ。そして『まあいいか』はあっという間に『もういいや』になって、習慣化は終わってしまう」

「なるほど。日数の更新が止まったら、習慣から心が離れてるってことですね。少し厳しいけど、たしかに効果はありそうだなあ」

適度な緊張感は、よい結果をもたらす。高橋くんはそのことを、少なくとも頭では知っていました。

「1日までセーフ」が、現実的な最善

「でも1日サボるのは許してくれるんですね」

博士は「そうなんだよね」と答えました。

「連続30日が理想ではあるけれど、『途中休んでも続く人』もゼロではないから」

「僕も1日くらい見逃してもらえたほうが、気が楽です」

「そうだよね。ここはかなり試行錯誤を重ねたんだけど、どうもルールは厳しすぎても緩すぎてもダメらしい。『厳しすぎると逆効果』とか『緩すぎると意味がない』とかのバランスをとって、**現実的に成功率をもっとも高めるのが、『1日まではOK』というルール**だったんだ」

博士はコーヒーゼリーの器に残ったクリームを最後の一滴まで残すまいと、スプーンでかき集めながら言いました。

その姿には全く威厳がありませんでしたが、発言にはしっかりとした根拠と説得力がありました。

デジタルだって。アナログだって

「ちなみにリセットルールは習慣化アプリを使ってもいいけど、もっとアナログにやる方法もあるよ」

博士はようやく、コーヒーゼリーの器から顔を上げました。

「カレンダーに数字を書くとかね。毎日筋トレとかをしたら日付のところに1、2、3って数字を書いていって、2日連続で空いたら最初からにする」

「それは達成感があってよさそうな気がしますね。やってみます」

「うん。やっぱり達成感って大切だからね」

そう言った博士の顔にも、なぜか達成感が満ちています。

よく見るとコーヒーゼリーの器は、一滴残らず綺麗にクリームがすくい尽くされていました。

POINT

- 一度「まあいいか」と休むと、すぐに「もういいや」と挫折しやすくなる
- リセットルールは、「まあいいか」と思うのを防ぐ
- リセットが近づいているとき＝習慣から心が離れているとき

人間だもの 1

「でもやっぱりできない日もある」

食器を返却棚に返し、二人は再び研究室へ向かいます。

その途中、高橋くんは「しかし博士」と話しはじめました。

「例外を設けるのがマズいのはわかったんですけど、それでも、やっぱりこれって少し厳しすぎないでしょうか。忙しいときには小さなこともできないのが人間だと思いますし、僕はそんなにストイックにできる自信があまりなく……」

「うん。その気持ちはわかるよ」

博士は同意すると、高橋くんのほうを見て言いました。

「高橋くん、天気予報は見るかい？」

降水確率90%

「天気予報……ですか？　見ますけど、それが何か関係あるんですか？」

「『習慣化は日を空けるとたいてい挫折する』というのは僕の主張とかじゃなくて、**膨大なデータに導かれた統計的事実なんだ。**ちょうど『降水確率90%ならたいてい雨が降る』みたいに」

高橋くんはハッとしました。

博士は説明を続けます。

「それは僕たちが変えられるものじゃないから、抗っても意味がないんだよね。降水確率90%の日に傘を持たずに出かけるのは自由だけど、その人がずぶ濡れになるのは目に見えているでしょ」

高橋くんは頭の中で、その例を整理しました。

降水確率90％の日

- 傘を持たずに出かける↓濡れる
- 傘を持って出かける↓濡れずに済む

習慣化中の忙しい日

- 何もしない↓挫折する
- 少しでも行動する↓挫折せずに済む

雨に濡れたくないのなら、傘を持って出かけるしかない。
博士は、そんな当たり前の話をしているのでした。

実はそこまで厳しくない

「それに原則を守っていれば、これってそこまで厳しいことじゃないと思うよ」

研究室に到着し、博士はドアを開けます。

高橋くんは、これまでの原則や具体策を思い出してみました。

- 原則1で、1日5分まで目標を下げる
- それを原則2で、スムーズに動けるタイミングで思い出せるようにする
- しかも原則3の対策で、忙しいときは5分より小さい行動でOKとする

「たしかに冷静に考えてみると、全然厳しくないですね」

高橋くんは、やるべきことは思っていたよりずっと小さいと気づきました。

全体でバランスをとる

「ちなみに最初、原則1はレベルが低すぎるし、原則3は厳しすぎると思わなかった？」

博士はジョウロを取り出しながら言いました。

植物に水やりをするようです。

「ああ、思いました。1日5分って聞いたときは、『いや、もっとできる』と思いましたし、忙しいときもやるという話は『それは厳しすぎる』と思いました」

博士は「そうだよね」と言い、続けました。

「でも原則1のときは原則3について考えてなかったし、逆も同じだったと思うんだ」

必要以上に厳しすぎ
毎日1時間がんばるぞ!
MIKKA BOZU
挫折
必要な場面で甘い
今日は忙しいし、まぁいいか・・
挫折

その通りでした。

高橋くんは「1日5分なんて短すぎる」と思ったとき、やがて訪れる忙しい日々のことを考えておらず、「忙しくてもサボれないなんて厳しすぎる」と思ったとき、忙しくてもできるように目標を下げたことを忘れていました。

その結果、**目標設定に対しては厳しすぎる一方で、例外の捉え方に対しては甘すぎる判断をとっており、そのどちらもが挫折の原因となっていたのです。**

「人間の行動はいろんな要素が影響しあ

っていて、対策は一つの側面だけで決まらないんだ。習慣三原則はそういうバランスが保たれているから、一部だけ見ると違和感があるかもしれないけど、全体を通すとちゃんと現実に機能するんだよね」

盆栽に水をやりながら、博士は言いました。

高橋くんもなんとなく盆栽に目をやると、ぼんやりと思いました。

(盆栽は近くで見ると枝が傾いているけれど、遠くから見ると全体としてバランスがとれて調和している。……ような気もするし、しないような気もする)

POINT

- **挫折を防ぐためには、忙しいときも行動するしかない**
- **しかし、その「行動」は本当に小さなものでよい**
- **原則を守っていれば、その小さな「行動」は決して難しいことではない**

応用と実践

「これで三原則のレクチャーが終わったよ！　あとは実践だけなんだけど、その前に何か質問はあるかい？」

ここまで原則を学んできた高橋くんを祝福するように、博士は引き出しからマカダミア・チョコレートの箱を取り出しました。


「一つあります」

高橋くんはチョコレートの箱を、卒業証書のように厳かに受け取ります。

「今までの説明って筋トレや勉強を『する』習慣でしたけど、何かを『しない』習慣はどうしたらいいいんですか？　禁煙とか間食しないとか」

博士は高橋くんにあげたばかりのチョコレートの箱を勝手に開け、１粒食べると言いました。

「ああ、それも同じことなんだよね。具体策は違うけど、原則は同じだから」

応用：○○しない習慣

原則1 すごく目標を下げる

「まず原則1。何かを『する』目標は1日5分だったけど、大事なのはあくまで『すごく目標を下げる』という原則なんだ。いきなり完全に禁煙とかはできないから」

「あ、なるほど。禁煙っていうとある日を境に『今日から1本も吸わないぜ』って思っちゃいますけど、たしかに無理がありますもんね」

そこで高橋くんは一瞬考え、言いました。

「そうすると、『1日1本だけ減らす』とかがいいんですか？」

「それも悪くはないんだけど、『しない』目標にはちょっとした技があってね。**何かを『する』に置き換える**といいんだ」

そう言って博士は、いくつか例を示しました。

◯◯しない目標の例

- おかしを食べない……少しずつ小皿に分けて食べる
- おかしを食べない……ヘルシーなおかしにする
- 糖質制限……………食前に水を飲む（この効果を示す研究もあるらしい）
- 禁酒…………………小さいグラスで飲む
- 禁煙…………………ガムを噛む

博士は解説を続けます。
「『1本減らす』とかだと、一日中誘惑に耐え続けないと達成できないでしょ？　でも吸いたくなったときに『ガムを噛む』だったら、それをやった瞬間に達成だから、ストレスが小さくて続けやすいんだよね」

「おお、たしかにそれなら続きそうです」

「もちろん『ガムを噛んだのに本数が減らない』みたいな日もあるけど、それでも平均的には減っていくから、1日単位の結果に一喜一憂せず『ガムを噛んだ！　よし』と思うといいよ」

「それは寛容でナイスな考えですね」

実施者に努力を求めないその考えを、高橋くんは歓迎しました。

原則2　動けるときに思い出す

「原則2も基本的には同じで、動けるときに思い出せればいい」

「ふむふむ」

「たとえば惰性でおかしを食べすぎないよう『小皿に分けて食べる』のならば、おかしを食べる前の時間にリマインドする。そうすればおいしく食べる最初の数口は減らさず、惰性でほとんど無意識に口に運ぶのを防げる」

博士は惰性でほとんど無意識にチョコレートを口に運びながら、例を挙げました。

◯◯しないタイミングの例

- 小皿に分けて食べる…………おかしを食べはじめる午後の仕事前
- ヘルシーなおかしにする………コンビニに行く前
- 食前に水を飲む………………お昼ごはんの前
- お酒は小さいグラスで飲む……夕飯の前
- タバコの代わりにガムを噛む…惰性で吸っている午後の休憩前

原則3 例外を設けない

「原則3も同じで、何かをやめる場合も例外をつくらないのは大事だよ」

博士の手は単純作業をくり返すマシーンのように、チョコレートと博士の口を往復しています。

「でもダイエットで『今日はいくらでも食べていい』みたいな日があるといいって聞いたことがあるんですけど、それってどうなんですか？」

「ああ、それはそもそもの方針が全然違うんだよね。それは前提として、日々ストレスの大きいダイエットをしているんだ。だから、たまにストレスを解消しないと続かないっていう考えなんだよね」

「なるほど。考え方が全然違いますね」

「うん。**習慣三原則は、そもそもストレスのすごく小さい目標を定着させていく考え**だから。これだとリバウンドもしないから、定着したら他の習慣もつくれるし」

そう言って博士は、最後の１粒のチョコレートを迷うことなく食べました。

POINT

- 「○○する」も「○○しない」も、習慣化の原則は同じ
- 1 一気にやめず、「代わりに何かする」など無理なく続く目標にする
- 2 やめるための行動を起こしやすいタイミングで思い出す
- 3 例外を設けずに、毎日少しずつ定着させる

実践

「よし。じゃあ残すは実践のみだね。これまでの原則を実践してみよう」

「ついにここまで来ましたね」

高橋くんは、長編ゲームの最終ステージを迎えた少年のように勇ましい顔をしています。

高橋くんの目標

「それで、高橋くんは何を習慣化するんだい？」

高橋くんは「うーん」と考えました。

「やりたいことはいろいろあるんですよね。この前は英語だったけど、運動とかギターも捨てがたいしなあ。でも目標は5分だから、一つだけですよね？」

「そうだね。複数だとタイミングもバラバラになっちゃうし」

高橋くんは「そうですよね」と、また少し考えました。

「よし、まずは筋トレにします！　村上春樹も『肉体こそ人間の神殿』とか言ってたし。神殿であるボディさえちゃんとすれば、そこに鎮座する僕の人間性もいい感じになって、きっと英語もギターもどうにかなるでしょう」

高橋くんは、非常にふわふわとしたことを言いました。

「理由はピンとこないけど、身体を鍛えるのはいいことだね！　じゃあ早速、具体策を書いてみよう」

対策リスト

博士は机の引き出しを開けてがさごそと書類を探り、1枚の紙を出しました。

「これを考えればＯＫだよ」

原則を実施するための対策が、表になっています。

「へえ。こうして見てみると、意外とやることは少ないですね」

「多いと結局やらないからね」

たくさんの人々の現実を観測してきた博士は答えました。

高橋くんは「なるほど」と言ってペンを取り、さらさらと具体策を書きました。

「前にやったときは5分でも怪しかったから、もっと短くしよう」

高橋くんの場合

原則	対策	高橋くんの対策
1：すごく目標を下げる	目標は準備を含めて5分以内	・3分筋トレ（スクワット25回×2セットとか）
2：動けるときに思い出す	楽に動けるタイミングを知る	・シャワーの前（20:00）
	忘れられない環境をつくる	・リマインダーを毎日20:00にセット ・浴室前に「筋トレ」と書いた紙を貼る
3：例外を設けない	代わりに何かする	・スクワット10回でよしとする（それもできないときは、都度考える）
	「日数リセット」ルール	・カレンダーに日数を書く ・(もしやってみて面倒だったら）習慣化アプリを入れる

「おお、バッチリだね！」

博士は用紙を眺め、満足そうに言いました。

「リマインダーはもうセットしたので、あとは家で浴室前に『筋トレ』と書いた紙を貼ればOKです。ほかに何かやることはありますか？」

思っていたより早く対策ができた高橋くんは、余裕があります。

「いや、これだけで大丈夫。最初だけ対策すれば効果はずっと続くから。既にこの時点で、高橋くんの筋トレが続く確率はかなり上がっているよ」

これまで厳しい現実を突きつけてきた博士は、希望のある話で原則のレクチャーを終えました。

POINT

最初だけ対策すれば、習慣三原則の効果はずっと続く

○

「これで習慣三原則のレクチャーは終了だよ。お疲れ様でした」

習慣三原則の伝授という大仕事を終え、博士は満足そうに言いました。

「ありがとうございました。たくさん勘違いに気づけたり、現実的な対策を知ったりできて、とても勉強になりました」

高橋くんは、丁寧にお礼を返します。


「いやあ、それは何よりだよ。じゃあ、残るは一つだけだね」

「え、なんでしたっけ？」

博士は言いました。

「ふふふ。弟子の件だよ」


「あ……」

高橋くんは、このことをすっかり忘れていました。

博士は弟子を取るために、このレクチャーをしてくれていたのでした。

しかし困ったことに、高橋くんには今でも弟子になる気はありません。

仕事もあり、もうじき未来のパートナー探しも始めなければならず、彼は彼なりに多忙なのでした。


かといって、無下に断るわけにもいきません。

博士は親身になって丁寧に教えてくれ、高橋くんは多くを学びました。

少し性格に難はありますが、基本的には愛すべきいいおじさんでもあります。

(うーむ。なんとか事をうまくおさめる方法はないものか)


このように考えた末、高橋くんは困ったときの常套手段を用いました。

「まずは3ヶ月くらい、原則を実践してからでもいいですか」

時間を稼ぎ、問題を先送りにしたのです。

「ああ、そうだよね！　自分で効果を実感してもないのに、いきなり弟子なんて無茶だよね」

なぜか博士は納得しました。

「そうですよね！　はははは。じゃあ実践してみたらまたお邪魔しますね」

「うんうん。わかったよ！」

こうして高橋くんは、３ヶ月間の猶予を得ました。

3ヶ月後

およそ3ヶ月が経った頃、高橋くんは再び博士のもとを訪れていました。

「久しぶりだね、高橋くん！　元気だったかい？」

「はい、おかげさまで！　あれからちゃんと筋トレが続いてますよ。最近は慣れてきたので、並行してストレッチも始めたところです。まだ理想のボディまでは時間がかかりそうですが、挫折せずに続くと気分がいいですね」

「それはよかったよ！　順調そうで何より」

そう言いながらも博士は落ち着かない様子で、手元の書類を折ったり伸ばしたりしています。

弟子の件が気になっているようです。

それを察した高橋くんは、本題に入りました。

「それで、弟子の件ですが――」

「ふむ！」

博士は前のめりに相槌を打ちます。

高橋くんはそんな博士の期待に応えるであろう、ビッグニュースを発表しました。

「実は、僕よりも適任が見つかりました」

「何い！」

○

さかのぼること2週間。

高橋くんが会社の後輩と、営業先からオフィスに帰っていたときのことです。

転職した先輩の話の延長から、二人はぼんやりと将来について話していました。

将来の話といっても、「自分たちはずっとこの会社にいるんだろうか」くらいの、特に結論を出そうとはしない世間話のようなものでした。


そのとき、後輩の早川さんはこんなことを言い出しました。

「実は私、大学院にいきたいんですよね」

驚いた高橋くんが詳しく聞いてみると、それは次のような話でした。


彼女は心理学に興味があり、大学院で本格的に学びたいと考えている。

まだ具体的な分野や大学は決めていないが、興味の方向性のようなものはある。

机上の学問ではなく、何か実際に人の行動に影響を与える研究がしたい。


そんな話を聞いた高橋くんは、千載一遇のチャンスを逃すまいと――「ほら結局、人って習慣が9割だからさ」などと誇大広告をまじえつつ——習慣の研究はどうかと博士の話をしてみました。

すると、早川さんはとても興味を示しました。

「習慣化、すごく興味あります！　実はオフィスでもこっそり習慣化の文献を読んだりしてるんですよ。一度なくして焦ったんですけど」

「ん？　もしかしてそれって……『賢者のからくり』ってやつ？」

早川さんは「え？」と一瞬驚きましたが、少し考えるとすぐに経緯を理解しました。

「——あれ、高橋さんが持ってたんですね！」

○

高橋くんは、博士にそんな話をしました。

「こんな感じのマジメで人もいい後輩なのですが、どうでしょうか。これから大学院の受験準備をするので、時間はかかってしまうと思うのですが」

「ええ⁉　受験して院まで来てくれるの⁉　うちの研究室志望で！」

博士は大喜びです。

「そういうことです」

「もちろんだよ、ありがとう！　高橋くんの後輩なら安心だし、そんなに真剣に考えてくれているなんて感激だよ」

大喜びした博士は「ほんの気持ちだけど」と言って、学生にもらった温泉まんじゅうの箱を開け、２つ高橋くんにあげました。

POINT

世の中にはいろいろな歯車が奇跡的に噛み合って、物事がうまく回ることがある

おまけ

また、あるところにて

3年後

弟子の件が丸く収まってから、3年が経った頃。
いつも通り生活していた高橋くんに突然、博士からメールが届きます。

件名：やあ高橋くん
本文：久しぶり。元気かい？
さっき早川さんと話していたら、高橋くんの話になりました。
その後どうなったのかも聞きたいし、よかったら久しぶりに研究室に遊びに来ないかい？　早川さんはしばらく学会に出張でいないけど。

早川さんは無事に大学院に合格し、博士のもとで研究を始めていたのでした。

○

高橋くんが研究室を訪れると、博士はなぜかレゴで巨大な恐竜をつくっていました。

「いやあ、よく来てくれたね！　久しぶり」

高橋くんはレゴが気になりつつも、ひとまず3年ぶりの挨拶をしました。

「お元気そうですね！　その後いかがですか」

「おかげさまでバッチリだよ。早川さんは本当に飲み込みが早くてね。もう僕の研究を引き継いで、これから自分で理論を発展させはじめるところなんだ。これで僕も心置きなく引退できるよ」

早川さんを紹介した高橋くんは、なんだか自分まで褒められた気がして嬉しくなりました。

「ところで、このレゴはいったい……？」

高橋くんは、気になっていた疑問を口にします。

「ふふふ。引退後、僕はレゴのプロを目指すんだ」

（そんなに好きだったのか……。というか、レゴにプロってあるんだ）


それから博士はしばらくレゴについて一方的に語ると、やがて満足したのか、高橋くんのその後についてたずねました。

「高橋くんはどう？　あれから何かいい習慣は身についたかい」


「そうですね、あれからいろいろと変化がありまして。話すと長くなってしまいそうなのですが……。えっと、どこから話そうかな」

「時間はたっぷりあるから気にしなくていいよ。今後の研究にも活きるかもしれないし、詳しく聞かせてよ」

「そうですか？　では、えっと、最初は筋トレから始めたんですけど――」

高橋くんは、この3年間について話しはじめました。

あれからの高橋くん

筋トレを始める

3年前に原則のレクチャーを終えた高橋くんは、まず筋トレを始めました。

とはいっても改めて考えると、原則を学んだ高橋くんが得たのは「シャワー前に3分スクワットする」という小さな目標と、それを支える些細な仕掛けだけです。

「本当にこれで大丈夫かな」

高橋くんは半信半疑でした。

しかし実際にやってみると、それは思いのほかうまくいきます。

特に「シャワー前」というタイミングは絶妙で、短時間で一気にスクワットをしてじんわり汗をかいた直後のシャワーは、想像以上に気持ちいいものでした。

原則の効果なのか、珍しく高橋くんはこれといった挫折もなく、着々と日数を重ねていきます。

危機到来

しかしそんな順調ボーイの高橋くんにも、危機が訪れます。

ある日の夕方、その日の仕事に終わりが見えてきた高橋くんに、部長が申し訳なさそうに話しかけてきました。

「すごく申し訳ないんだけど……例の資料、明日までにつくってもらえないかな？

来週の打ち合わせ、先方がどうしても明日にしてほしいそうで……」

それまでの順調な筋トレライフを崩壊させかねない、破壊的残業の発生でした。

○

残業が終わって夜遅く帰宅した頃には、高橋くんはぐったり。

とてもいつも通りスクワットできる状態ではありません。

しかしそんな高橋くんの脳裏を、博士の言葉がよぎります。


「原則3は、例外を設けないこと」

「どんなに小さなことでもいいから、その日に何かをするんだ。

それが、これまで積み上げてきたものをつなぎ止める」

「ここまで続いたのに、挫折したらもったいないしな」

そう思った高橋くんは、10回だけスクワットをすることに。

所要時間は17秒。


「これでいいのかな……」

その行動はあまりにも小さくて心許なく感じましたが、部屋の片隅に置かれた等身大パネルのなかやまきんに君が、「それでいい！」と言っているような気がして——というか半ば強引にそう思い込んで——「よし、ＯＫ」と言いました。

○

そして翌日。

いつも通り帰った高橋くんは、何事もなかったかのようにスクワットしました。

当の本人はあまり意識していませんでしたが、これは記念すべき快挙でした。

心が離れない
10回だけやろう!
心が離れてしまう
今日はいいか・・

高橋くんは生まれて初めて、「例外」という危機を乗り越えたのです。

以前ならば「残業だったから仕方ない」と何もせず、その日を境にすっかり筋トレから気持ちが離れてしまい、挫折していたことでしょう。

しかし、今回の高橋くんは違いました。17秒のスクワットは「忙しくても筋トレを続ける」という姿勢を行動で示し、継続する意志をつなぎ止めたのです。

高橋くんはその後、並行してストレッチも継続するなど、快進撃を続けます。

元々、運動不足で歪み切っていたボディは、1ヶ月も経った頃には目に見えて正されてきました。職場の人たちからも「姿勢がよくなった」と褒められ、高橋くんは「いやー、そうですかねえ」などと大満足です。

訪れる挫折

しかし、そんな高橋くんもすべてが順調だったわけではありません。原則を学んだ後でも、習慣化に失敗してしまうことはありました。

――帰宅後すぐ、5分英語を勉強する――

この目標は、2週間も続きませんでした。

英語は短期間に二度も挫折してしまい、高橋くんは自信を失ってしまいます。

「習慣化、できるようになったと思ったんだけどなあ……」

すっかり苦手意識が染みついてしまった高橋くんは、ネガティブな気持ちになってしまうので、しばらく英語について考えないようにして日々を送っていました。

しかしそれでも、心のどこかで英語への憧れを捨て切れずにいた高橋くん。なかなかスッパリとは諦め切れません。

半年ほど経つと、「最後にもう一度だけ」とリベンジを決意します。

「そういえば前回、『帰宅後』は仕事で疲れてて、勉強する気にならなかったな。**原則2（動けるときに思い出す）**を守れていなかったかもしれない」

そう反省した高橋くんは、目標を修正してみます。

——朝の通勤中、英会話ラジオを聴く——

翌日から早速やってみると、朝方という時間なのか、机に向かわなくていい気軽さからなのか、抵抗なくスムーズに行動できることに気づきました。

そしてこれまでの挫折が何だったのかと思うほど、あっさりと学習は続きます。
この一連の体験から、高橋くんはこんな教訓を得ました。

高橋くんの得た教訓

- **原則を学んでも、１００％成功するわけじゃない**
- **しかし原則をもとに対策を修正していけば、成功率は上がるらしい**
- **そうして試行錯誤していると、「ある日突然うまくいく」ことがある**

目を背けてきたこと

挫折を乗り越え、自信を取り戻した高橋くんは、以前から目を背けてきたことについて考えはじめました。

「好きなことを仕事に」

高橋くんはこれまで数えきれないほど何度も、そんな話を見聞きしてきました。

そして高橋くんには、「好きかもしれないこと」がありました。

高橋くんは小さい頃、ノートに落書きをするのが好きだったのです。

学校の先生に提出する日誌にも、いつも文章でなく1コマ漫画を描いていました。

それに先生がコメントをつけて返してくれるのが嬉しくて、毎日のように何かを描きました。

先生もまた、それを楽しみにしてくれていました。

しかし、大人になった高橋くんにはなぜか、同じことができませんでした。

「毎日絵を描いてSNSにアップするぞ」

そんなふうに意気込んだことは、一度や二度ではありません。

ですがそれは、いつも挫折に終わってしまいました。

忙しい現実に追われているうちに、徐々にやる気がなくなっていって、だんだんとペンを握るのが嫌になり、やがてある日ぱったりとやめてしまうのです。

そうした挫折の一つ一つが、高橋くんの心に鈍いダメージを蓄積していきました。

そしていつしか、こう考えるようになります。

「これって、そんなに好きじゃないってことなのかな」

気づけば高橋くんは、英語を挫折したときと同じように「あまりこのことは考えないようにしよう」と、絵から距離を置くようになっていました。

○

「しかし習慣化について学んだ今なら、前とは違うかもしれない」

自信を取り戻した高橋くんは、再挑戦を決意します。

絶対に挫折したくない、と高橋くんは慎重すぎるほど目標を下げます。

——毎日ノートを開いてペンを握る——

これが、とてもいい判断でした。

いつも抵抗なく行動できただけでなく、ペンを握って前日に落書きしたページを見ると、高橋くんはいつも自然と「何か描きたい」と思いました。

そうして高橋くんは、絵を描き続けました。

○

「あ、終わりだ」

気づけばどんどんとページは進み、やがて1冊のノートが終わります。

ノートを埋め尽くしているのは、子どもの頃に描いていた「たかはシーラカンス」など、ほとんど自己完結のくだらない落書きばかりです。

とても人から評価されるようなものではありません。

しかしそんな落書きで埋め尽くされたノートをパラパラとめくっていると、高橋くんはすごく充実した気持ちになりました。

そうした落書きをひっそりと続けているうちに、高橋くんはいつの間にか、昔のように「絵を描くのが楽しい」と素直に思えるようになっていました。

思いがけないこと

そんな高橋くんは、会社でも空き時間に落書きをするようになります。

やがてそれは、ちょっとしたマンガのようなものに発展しました。

あるとき、先輩社員に見つかったことをきっかけに、高橋くんのマンガらしきものは社内の一部界隈でひっそりと話題となりました。

○

そして再び絵を描くようになって、1年近くが経った頃のことです。

高橋くんのいる営業部の部長が、こんなことを考えはじめました。

「営業資料をマンガにしたい」

どこかで「営業資料をマンガにしたら、暇つぶしに読まれるようになって営業成績が急に上がった」という話を聞いて、自社でもやってみたいと思ったのです。

しかしマンガ資料の制作会社に問い合わせると、予算オーバーだと判明。

部長は頭を抱えます。

そんなところに例の先輩社員がやってきて、事情を聞くと言いました。

「それ、高橋が描けばいいんじゃないですか？　あいつマンガ描けるんですよ」

部長はびっくりです。

「え、そうなの⁉」

○

一度決めると早い部長は、さっそく高橋くんを呼びました。

「高橋くん。きみにしかできない仕事がある」

部長は「業務時間の一部を使って、マンガを描いてほしい」と話しました。

「え！　いいんですか！」

高橋くんは大喜びです。

こうして高橋くんは思いがけず、小さいながらも「絵を描く仕事」を得たのでした。

最終講義

「――ということが最近あったんですよ。まあ一時的な仕事だとは思うんですけど、まさか『絵を描く仕事』ができる日が来るとは思っていなかったので、すごく嬉しいです」

高橋くんは、ようやくこの3年間について話し終えました。

「それはすごいね！　いやー、僕もここまでうまくいくとは思ってなかったなあ」

博士も満足そうです。

「これも博士がいろいろと教えてくれたおかげです」

「そうかい？　だったらレクチャーをした甲斐があるというものだよ」

ハッピーエンド感が広がった後、博士は「あ！」と言いました。

「レクチャーといえば、前に伝え忘れた話があったんだった。……まあ、もう必要ないんだけど」

「え、何ですか？」

そう言われると、高橋くんは急に気になってきます。

「本当はいちばん最初にする話だったんだけどね。まあいいか。じゃあ、最終講義ということにしよう」

「あ、はい。お願いします」

博士は少し背筋を伸ばすと、言いました。

「これは、理想と現実についての話なんだ」

理想と現実

博士は、ゆっくりと話しはじめました。

「僕たちは生きている中でいろいろと、『こうなれたらいいな』って理想を描くよね。『猫背を治したい』みたいな小さなことから、『好きなことを仕事に』みたいな夢といえるようなことまで」

「そうですね」

「そしてその理想に近づくためには、地道な行動を重ねなければならない。毎日ストレッチや筋トレをするとか、絵を描き続けるとか」

高橋くんは「ふむふむ」と話を聞いています。

「だけど人は放っておくと楽なほうへ流されてしまうから、なかなか行動できない。だから理想に近づけない。こういうときに、人は停滞感を感じてしまう」

高橋くんには、その感覚がよくわかりました。

頭の中には理想があるのに、いくら日を重ねても一向に、目の前の現実はそれに近づいていかない。

以前の高橋くんはその停滞感によって、ややもやと日々にネガティブな気持ちを抱いていたのでした。

博士は続けます。

「だから僕たちは、行動し続けたい。それは小さなことでいいんだ。誰かと比べる必要もないし、理想に到達することが重要なんじゃない。**僕たちに必要なのは、たとえ少しずつであろうとも、自分の決めた方向に向かって進んでいるという実感なんだ**」

「でも楽なほうに流されないで行動し続けるのって、すごく難しいですよね」

ほんの少し前まで、流されに流されてきた高橋くんは言いました。

「そう。だから僕たちには、具体的な技術が必要になる。『絶対諦めない』みたいな精神論じゃなくて、忙しい現代に生きる、弱さを抱えた人間がそれでも行動を続けるための、具体的な技術が」

高橋くんはそこで、博士の言いたいことを理解しました。

そして同意しました。

「たしかにそうですね」

しかし博士の言った通り、これは今の高橋くんに必要な話ではありませんでした。

高橋くんはその具体的な技術を、もう身につけていたからです。

GOOD
FUTURE

あとがき

本書を最後までお読みいただき、ありがとうございました。習慣化アプリを運営する中で筆者は、「現代を生きる人たちは忙しい」という事実を心が折れるほど思い知らされてきたので、そのような中で本書を最後までお読みいただけたことを、本当にありがたく思っています。

さて、最後に一点だけ補足があります。

本書のキャラクターやストーリーは基本的にフィクションなのですが、実は「おまけ」で高橋くんが振り返る3年間のエピソードは、現実の話にもとづいたものです。実際に習慣化アプリで、原則を実践された方々の報告をもとに一つのストーリーにまとめました。

（実際には、マンガで賞を取ってデビューしたという報告まであります）

ハッピーエンドはあくまで、本書を読んでくださった方が現実に到達し得るものにしたく、このような書き方にしてみました。

○

習慣は時にそんなハッピーエンドのような出来事を現実にもたらしてくれる一方で、私たちはごくありふれた日常でも習慣の力を実感できます。よい習慣は、何の変哲もない日々にじんわりと達成感や充実感を広げていって、特別でないふつうの毎日を、「なんか最近楽しいなあ」と素直に思えるような方向へと後押しし続けてくれます。

誰かと比べる必要もないし、理想に到達することが重要なんじゃない。僕たちに必要なのは、たとえ少しずつであろうとも、自分の決めた方向に向かって進んでいるという実感なんだ。

博士も同じことを、こんな言葉で言っています。

そんな地味だけれども、欠くことのできない実感を得るために、本書が少しでもお役に立てることがあれば、本当に嬉しいです。

そしてこれから何年か経った頃にもまだ望む習慣がはたらき続けていて、ふと「あの本読んでよかったな」と思えるようなときが訪れることを、心から願っています。

自分の場合の対策を、記入してください。

原則 1

原則 2

原則 3

「習慣三原則」まとめ

原則 1

すごく目標を下げる

対策1　目標は5分以内

原則 2

動けるときに思い出す

対策1　楽に動けるタイミングを知る

対策2　忘れられない環境をつくる

方法A　時間で思い出す with リマインダー

方法B　場所で思い出す with 物

原則 3

例外を設けない

対策1　代わりに何かする

対策2　「日数リセット」ルール

購入者限定特典

前ページのまとめを、PDFでもご覧いただけます。
ぜひ印刷してお使いください。ダウンロードはこちらから

https://d21.co.jp/formitem/

ID	**discover3099**
パスワード	**keizoku**

200万人の「挫折」と「成功」のデータからわかった
継続する技術

発行日　2024年10月18日　第1刷

Author　戸田大介
Illustrator　アツダマツシ
Book Designer　三森健太（JUNGLE）

Publication
株式会社ディスカヴァー・トゥエンティワン
〒102-0093　東京都千代田区平河町2-16-1　平河町森タワー 11F
TEL　03-3237-8321（代表）　03-3237-8345（営業）　FAX　03-3237-8323
https://d21.co.jp/

Publisher　谷口奈緒美
Editor　橋本莉奈

Store Sales Company
佐藤昌幸　蛯原昇　古矢薫　磯部隆　北野風生　松ノ下直輝　山田諭志　鈴木雄大　小山怜那　町田加奈子

Online Store Company
飯田智樹　庄司知世　杉田彰子　森谷真一　青木翔平　阿知波淳平　井筒浩　大﨑双葉　近江花渚　副島杏南　徳間凜太郎　廣内悠理　三輪真也　八木眸　古川菜津子　斎藤悠人　高原未来子　千葉潤子　藤井多穂子　金野美穂　松浦麻恵

Publishing Company
大山聡子　大竹朝子　藤田浩芳　三谷祐一　千葉正幸　中島俊平　伊東佑真　榎本明日香　大田原恵美　小石亜季　舘瑞恵　西川なつか　野﨑竜海　野中保奈美　野村美空　橋本莉奈　林秀樹　原典宏　牧野類　村尾純司　元木優子　安永姫菜　浅野目七重　厚見アレックス太郎　神日登美　小林亜由美　陳玟萱　波塚みなみ　林佳菜

Digital Solution Company
小野航平　馮東平　宇賀神実　津野主揮　林秀規

Headquarters
川島理　小関勝則　大星多聞　田中亜紀　山中麻吏　井上竜之介　奥田千晶　小田木もも　佐藤淳基　福永友紀　俵敬子　池田望　石橋佐知子　伊藤香　伊藤由美　鈴木洋子　福田章平　藤井かおり　丸山香織

Proofreader　文字工房燦光
DTP　有限会社一企画
Printing　日経印刷株式会社

ISBN978-4-7993-3099-9
KEIZOKUSURUGIJUTU by Daisuke Toda　

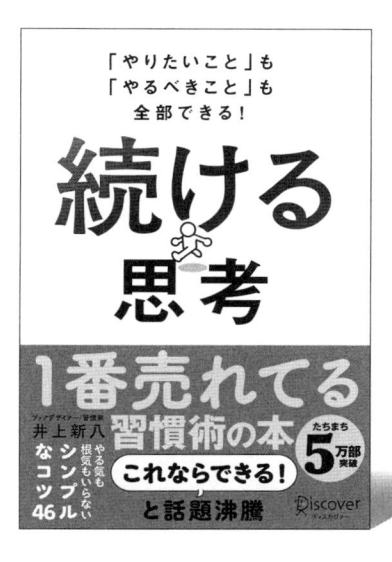

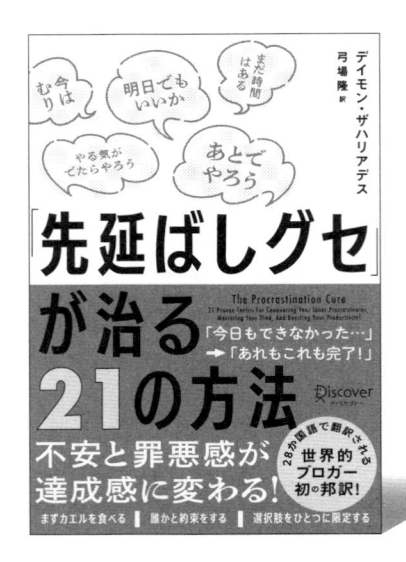